シリーズ「遺跡を学ぶ」135

ヤマト王権誕生の礎となったムラ

唐古・鍵遺跡

藤田三郎

新泉社

ヤマト王権誕生の礎となったムラ
—唐古・鍵遺跡—

藤田三郎

【目次】

編集委員
勅使河原彰（代表）
小野　昭
小野　正敏
石川日出志
小澤　毅
佐々木憲一

装　幀　新谷雅宣
本文図版　松澤利絵

第1章　弥生研究の基礎をつくった遺跡

1　はじまりは「鍵の遺跡」

「鍵の遺跡」

奈良の平城京から橿原神宮へと国道24号を南へ三〇分ほど車を走らせると、国道東側の視野がにわかに広くなり、渦巻飾りをもつ異様な二階建ての建物が目に飛び込んでくる。唐古《からこ》・鍵《かぎ》遺跡のシンボルとして、一九九四年に復元された楼閣《ろうかく》が、二〇一八年四月の「唐古・鍵遺跡史跡公園」の開園にあわせてリニューアルされ、天空にそびえ立つ。二〇〇〇年前に、この地にはヤマトを束ねた弥生時代の巨大集落があったのだ（**図1・2**）。

公園の中央には「大和の皿池」のひとつ、唐古池が満々と水をたたえている。江戸時代につくられたこの溜池は弥生時代とはまったく関係ない。しかし、遺跡の名を全国に知らせることになった調査がおこなわれ、弥生時代研究黎明期の研究者たちがさまざまな遺物を採集した池でもある。そして、弥生へ誘《いざな》うタイムトンネルとなった。

この遺跡が、世に知られるようになったのは一九〇一年（明治三四）、畝傍中学の教員であった高橋健自《けんじ》が、「磯城郡川東村大字鍵の遺跡」として『考古界』に紹介したことにはじまる。唐古・鍵遺跡の名前は、「鍵」の名前からはじまった。明治期には、遺跡は鍵や唐古のあたりというおおまかな把握であった。大正期に入ると、鳥居龍蔵がこの遺跡を「唐古」の名で紹介し、その後、梅原末治《すえじ》ら当時のそうそうたる考古学者たちも遺跡を訪れ、「唐古遺跡」として学会誌などに紹介し、著名な石器（弥生）時代遺跡になった。

唐古・鍵遺跡研究の礎

考古学者たちに遺跡の存在や内容を教えたのは、地元唐古在住の飯田松次郎と恒男親子である。飯田宅は唐古池の北西側にあり、唐古池は庭のような存在であった。池西側の用水路や池堤の波打ち際、池南側の水田で多くの遺物を採集した。絵画土器の一つには「池　西側ノ溝

図1 ● 2018年に開園した唐古・鍵遺跡史跡公園（南から）
国道24号の両側に遺跡が広がる（420,000 ㎡）。国道の東側100,000 ㎡は、9年の歳月をかけて史跡公園として整備された。

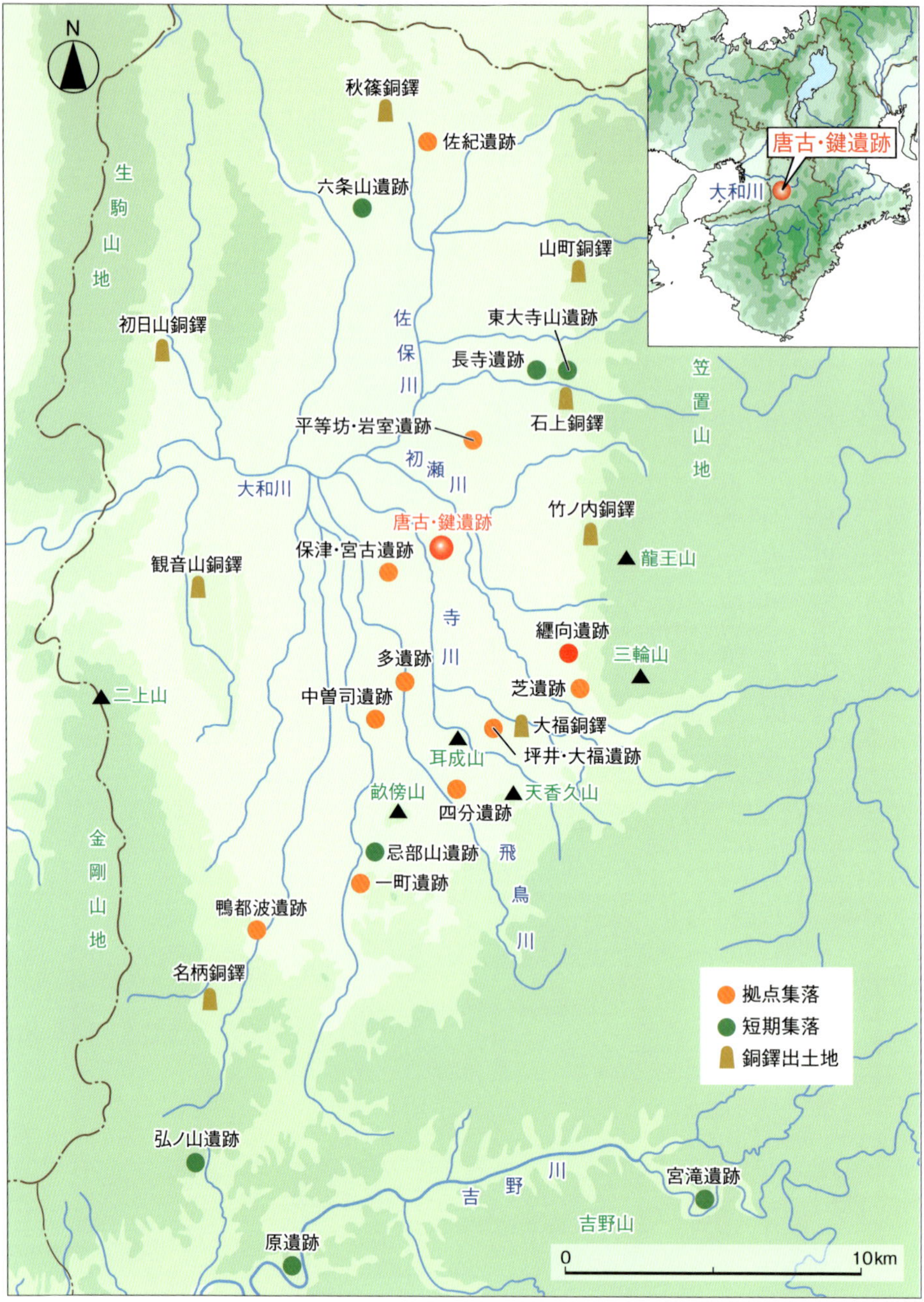

図2 ● **奈良盆地のおもな弥生遺跡**
奈良盆地は南北約20 km、東西約15 km、標高40〜1000 mの断層盆地で、弥生遺跡600カ所の大半はこの盆地内にある。とくに盆地南部に拠点集落が多く存在する。

坤樋《ひつじさるひ》」と紙片が貼付されているものがある。

飯田親子の採集品は、一九二九年（昭和四）に自費出版した『大和唐古石器時代遺物図集』にその一部が掲載されている。掲載された遺物は、木製品を除くと今日知られている唐古・鍵遺跡の出土品とほとんど大差ない。すでに絵画土器やヒスイ玉、銅鏃《どうぞく》など重要な遺物も含まれている。地表でのわずかな採集品だけで弥生時代遺跡の内容を示せることが、この遺跡の充実度をあらわしている。飯田親子の地道な採集と報告が唐古・鍵遺跡研究の礎《いしずえ》となった。

採集品のなかで、とくに絵画土器は注目に値する。絵画土器資料は『大和唐古石器時代遺物図集』に九点、これ以外に森本六爾《ろくじ》に譲った一点、刊行後に採集されたと思われるもの三点の計一三点がある。当時、石器時代の絵画資料としては、銅鐸《どうたく》の絵画が知られている程度であったから、絵画土器の点数としては突出していた。今では、唐古・鍵遺跡の絵画土器が全国最多なのは多くの人が知る事実であるが、その兆候はすでにあらわれていた。

原始農業を推測した森本六爾

飯田親子のほかにもう一人忘れてはならない人物、森本六爾がいる。森本は、桜井市大泉出身で旧制畝傍中学校卒業後、尋常高等小学校の

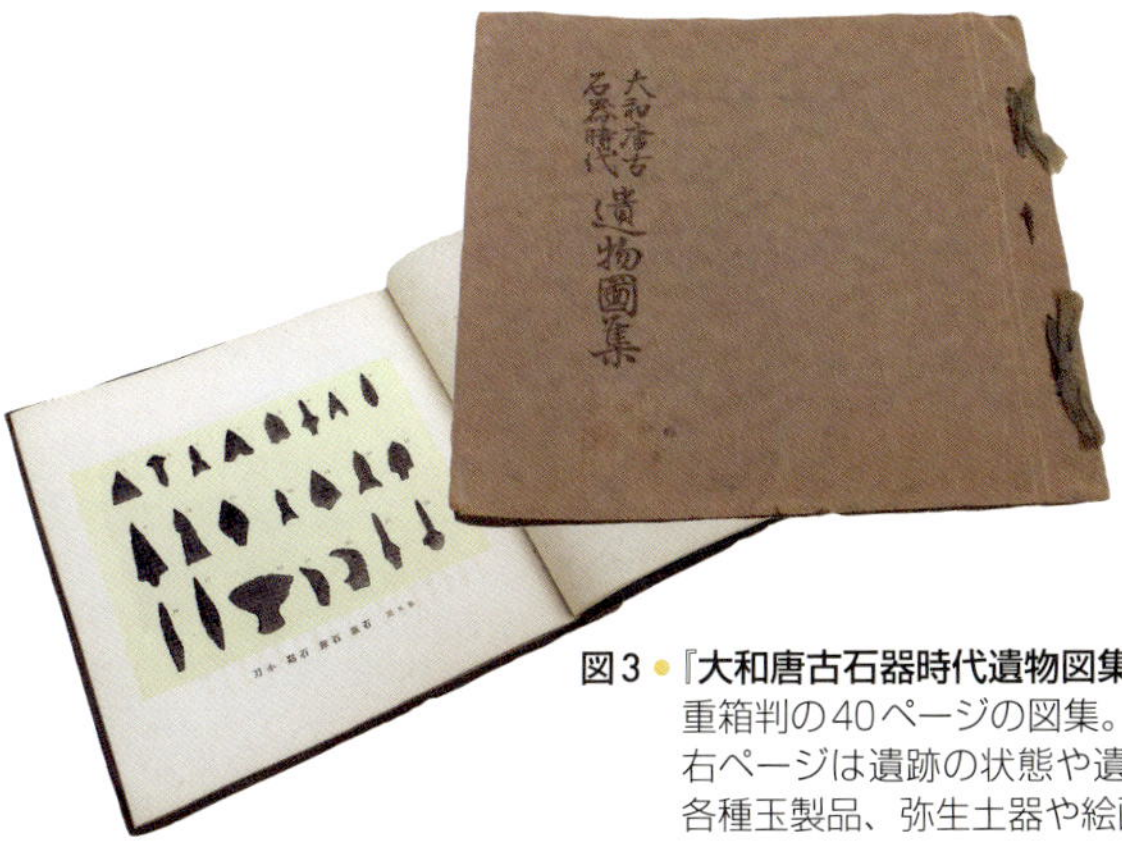

図3●『大和唐古石器時代遺物図集』
重箱判の40ページの図集。左ページは写真を配し、右ページは遺跡の状態や遺物の包含状態、石器や各種玉製品、弥生土器や絵画土器を説明する。

代用教員のかたわら、唐古・鍵遺跡をはじめとする石器時代遺跡の研究をおこない、この時代が原始農業の時代であることを証明しようとした。

飯田恒男によると、森本が唐古を訪れはじめたのは十二、三歳のころで、おそらく畝傍中学に陳列されていた遺物を見て考古学に目覚めたのであろう。熱心な考古少年で、県内の遺跡を歩きまわり遺物を採集していたようだ。飯田とも親交を深め、鳥居龍蔵の調査地点などを参考にして一九二二・二三年（大正一一・一二）には、唐古池の南側と西側、池内部の五カ所を発掘し、層位的な検証を試みた。そして一九二四年（大正一三）には、この発掘の報告と飯田の採集資料を『考古学雑誌』に発表した。この論文では、奈良県の石器時代遺跡約九〇カ所の立地が標高五〇〜一〇〇メートルに集中し、石器とともに金属器がともなうことを論じている。その後、この研究を発展させ、一九三三年（昭和八）に『日本原始農業』を著し、現在では定説となっている弥生時代の生業が農業であることを予見した。

この森本の着想の原点は、唐古・鍵遺跡の土器にあった。土器の底に籾痕《もみあと》をみつけていたのである。弥生時代研究の黎明期にあって、農業社会を位置づけるきっかけは、唐古・鍵遺跡から採集された一土器片にあった。

図4 ● 森本六爾
森本六爾は1903年、奈良県桜井市大泉生まれ。大泉から唐古池までは約5㎞である。唐古池の調査にも参加した藤森栄一は、森本の足跡を訪ね、『森本六爾伝』をまとめた。

2　証明された弥生時代の農耕

明らかになった弥生稲作の実態

弥生時代研究に偉大な足跡を残した森本六爾は、一九三六年（昭和一一）一月に三二歳の若さでこの世を去った。その一一カ月後、彼が追い求めていた弥生稲作の実態が明らかになる。彼が青年時代に通い詰めた唐古池で発掘調査がはじまったのだ。この運命的ともいえる出来事が、後に松本清張の小説『断碑』や藤森栄一の『二粒の籾―森本六爾伝』となり、この人物の伝記を生むことになった。

唐古・鍵遺跡の発掘調査は、鳥居龍蔵や森本六爾らによる試掘程度の小発掘があったが、現在では、一九三六・三七年の唐古池の本格的な発掘調査を第一次調査としている。一九四〇年（昭和一五）の皇紀二六〇〇年事業として、京都から奈良・橿原神宮へと向かう道路計画がもちあがった。一帯はほとんど水田だったので、道路は堤防状に盛り土する必要があった。そのため、唐古や鍵周辺では唐古池や鍵池の池底を掘り下げ、土を用意した。

図5 ● 昭和20年代の唐古・鍵遺跡（西上空から）
唐古・鍵遺跡周辺は、古代の条里制区画が残る水田地帯であった。手前に白く映る横線が国道24号、中央に唐古池、上方に黒く映るのが初瀬川の堤防。唐古池は100m四方の池であったが、江戸時代後期に北側に100m拡張された。

一九三六年の秋から池水を抜き、池堤の南西隅を切り拓いて、トロッコを用いて土を搬出する工事がはじまった。それと併行して発掘調査がおこなわれた。

調査は奈良県が五〇〇円、京都大学が一〇〇円を負担した合同調査で、調査担当者は後に奈良県立橿原考古学研究所所長を務める末永雅雄《すえながまさお》であった。その日誌には、一九三七年一月八日から三月二八日までの八〇日間におよぶ壮絶な調査内容が記されている。発掘では、森本六爾の思い描いた原始農業の実態を示す炭化米や木製農具など多くの遺物が出土した。また、木製品の加工には金属器の使用も想定され、弥生時代が農耕社会であるとともに金属器をともなうことを裏づけた。とくに木製の農具や容器は前例のないもので、新聞では特集が組まれ報じられるとともに、各界の著名な人びとが訪れ、ここに「唐古」の名前が考古学の最前線に躍り出た。

図6 ● 唐古池調査時の末永雅雄
末永雅雄は1897年、大阪狭山市生まれ。奈良県立橿原考古学研究所の初代所長。皇紀2600年事業として、唐古池の調査、橿原遺跡の調査をおこなった。

調査にかけた末永の情熱

末永は、一九三六年一二月七日からはじまった唐古池の採土状況を見つつ、満を持して翌年一月八日から調査に臨んだ。しかしながら、現場は調査どころか一触即発の険悪なムードだったと後に回想している。それは、発掘調査が採土工事の邪魔になるからであった。土を積むトロッコの台数で給金がもらえるので、出てきた土器が目の前で割られ、トロッコに入れられたこともあった。末永は当時三九歳。朝五時から日没まで現場で指揮をとり、夜は遺物整理、そして参加した学生たちの健康管理、県との調整、研究者らの見学への対応などに追われた。このようなことが遂行できたのは、まさにこの遺跡にかける末永の情熱があったからであろう。その熱意が現場の雰囲気を変え、調査も進んだ。

工事は唐古池内に二線を敷き、各線トロッコ二〇連結あまりで、土を持ち出すものであった。堤防を切り拓いた池南西隅を軸に、池西辺部から南東隅方向へと扇状にトロッコ線を移動させ、一線目が一段目、二線目がさらに深く二段目の土取りを作業員がおこない、約一・五メートルの遺物包含層が除かれていった。その土取りの最中にあらわれた竪穴の部分を残してもらい、調査するという状況であった。その限られた時間のなかで遺構の平面や土層図、遺物の出土状況図、写真を記録した。報告書にはトロッコ線の下に土器や木製農具が写っている写真などがあり、すさまじい現場の状況が伝わってくる。

第一次調査の詳細な面積はわからないが、現在の図面に調査位置を写すと東西七五メートル、南北一六〇メートルの一万二〇〇〇平方メートルほどになる。日本の考古学史上初となる低地の大規模調査だったといえる。

図7 ● トロッコで運び出される唐古池の土
唐古池北東から南西方向を撮影。左側のトロッコが池上部の、右側のトロッコがさらに下部の池底の土を運んだ。

なぜ弥生時代の遺構が残ったのか

この唐古池は、「唐古」の地名から『日本書紀』に出てくる「韓人池」ではないかという説もあった。しかし、一九八四年に発見された江戸時代の絵図に普請した年号が記されていたこと、池の小字名が「角ノ脇」であることから耕作地であったこと、またその後の唐古池内の擁壁工事にともなう発掘調査で、堤防の下から耕作時の中世の小溝を検出していることなどから「韓人池」は否定された。

発掘調査では、池底から弥生時代から中世までの遺構が検出されたが、なぜ池をつくるときに破壊されなかったのかという疑問も残る。この唐古池は唐古領にある水田に水を供給する農業用の溜池で、領内の一番高い所に築造して水を下へ落とすため、深く掘る必要はなかった。このことから、池築造にあたっては、池底にあたる江戸時代の耕作表土層三〇センチ程度を掘り下げただけで、弥生時代の遺構の大半は破壊されずにすんだのである。

唐古池の調査成果

唐古池の発掘調査の内容は、末永の「大和唐古弥生式遺跡発掘日誌」「唐古遺跡発掘日誌」『考古学』第八巻第二・三・四号（一九三七年）にくわしく記されている。それは、その日の天候からはじまり、どこでどのような遺物が出土したのか、そしてその考古学的所見、また、調査参加者や見学者なども記されており、八〇日間の出来事がよくわかる。調査では、北方砂層・中央砂層・南方砂層の三つの砂層堆積を検出している（**図8**）。北方砂層は弥生時代中期後半で洪水層、中央と南方の砂層は前期で居住付近を流れる初瀬川の一支流と解釈された。

このほか一四三基の「竪穴」とよばれる穴も検出された。これら竪穴（土坑）は、一辺三〜五メートルの隅丸方形プランで深さ〇・五メートル余りのものと、一〜二メートルの不整円形プランで深さ〇・五メートル前後のものの二種に分類された。前者は弥生時代前期の竪穴で、底に木製農具の未成品や土器などがみられ、後者は後期の竪穴で、底に完形の壺が多くみられた。末永は遺物の出土状態から、前者は納屋的な住居、後者は食料などを貯蔵する穴と推定した。これらの穴の深さは、トロッコによる二段の土取りが原因で上部が削られたと私はみている。近年の調査からすれば、前期の竪穴は製作途中の木製品を水漬けしておくための木器貯蔵穴（**図33参照**）、後期の竪穴は壺が供献された井戸と考えるほうが妥当であろう（**図25参照**）。

発掘調査の成果の一番は、農耕社会を証明する木製農具類の出土であった。それに加え、以下の二点が重要であった。

ひとつは、弥生時代前期から後期まで連綿と継続された竪穴が存在したことである。弥生時代全期間の遺構の存在は生活の継続性を示しており、連続する文化のなかで遺構や遺物の連続性をとらえることが可能になったのである。もうひとつは、竪穴から各種遺物が良好な状態で

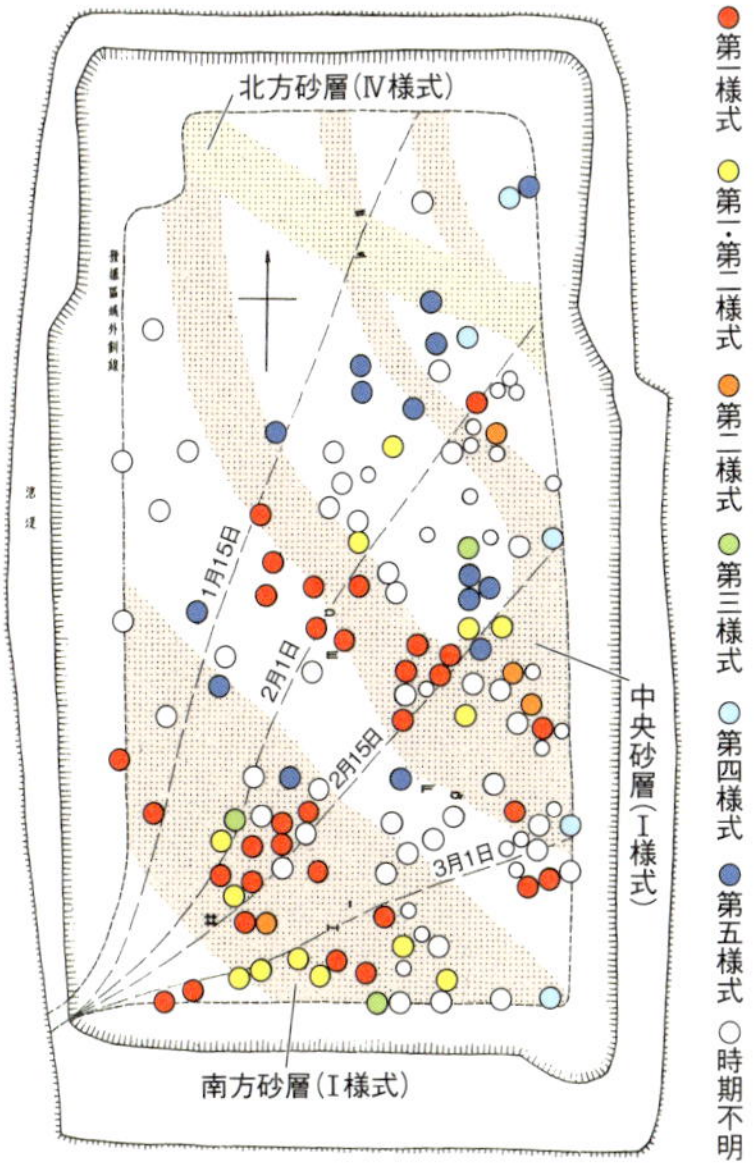

図8 ● 唐古池内で検出された竪穴の位置図
池内にある斜め線上に書かれた日付で調査進行の状況がわかる。

出土し、一括遺物の同時性を示せるようになったことである。

弥生土器編年の確立

唐古池の調査は一九三七年（昭和一二）三月に終わり、その六年後、『大和唐古弥生式遺跡の研究』が出版された。報告書は、遺跡の地形や遺構等の状態、各種遺物の説明、弥生式土器細論、考察からなり、本文二五二ページ、図版一〇八ページの大著で、定価三〇円、六〇〇冊が印刷された。当時の小学校教員の初任給が五〇円程度であるから、かなり高価な本である。執筆は調査担当者であった末永雅雄、調査補助の小林行雄らであり、遺物の説明が全体の四分の三を占める「遺物」中心の報告書である。遺構についての論究はこの時点における集落研究ではむずかしく、その四〇年後（第三次調査）まで持ち越されることになった。

報告書のなかでもっとも多く掲載されたのは、弥生土器であった。その実測図や拓本の総数は約七四〇点におよぶ。一遺跡でこれほどまとまった数量の土器図面はこれまでになく、圧巻であった。しかも建築学で鍛えた小林の精緻な図面は、当時としては群を抜く水準であった。当時、学生で参加した坪井《つぼい》清足《きよたり》は小林行雄のこだわりについて「几帳面な小林流が百パーセント発揮された」と回顧している。それまで森本六爾らと進めてきた弥生土器研究が、この報告書によってみごとに結実した。

小林は、弥生時代前期から後期までの良好な一括資料をもとに「唐古第一様式」から「唐古第五様式（亜）式」として弥生土器の編年を確立した（図9）。これまで前期土器など一時期の資料や土器変遷を包括的に論じてきたものが弥生時代全期間を通して詳細に語られるようになったのである。実測図は縮尺六分の一で統一され、五つの土器様式は、第一様式は一番から一〇〇番台、第二様式は二〇〇番台、第三様式は三〇〇番台というように、図面の土器番号をみれば何様式か理解できるようになっている。この報告書の弥生土器を観察する視点と記述・実測図は、その後の報告書の体裁や考古学研究に大きな影響を与えることになった。

この弥生土器編年は今日の近畿地方の土器編年の基礎となり、さまざまな遺物の所属時期をあらわすときには「唐古第〇様式」というように「唐古」の名を冠し使われ定着し、報告書はその後の弥生研究者の座右の書となった。

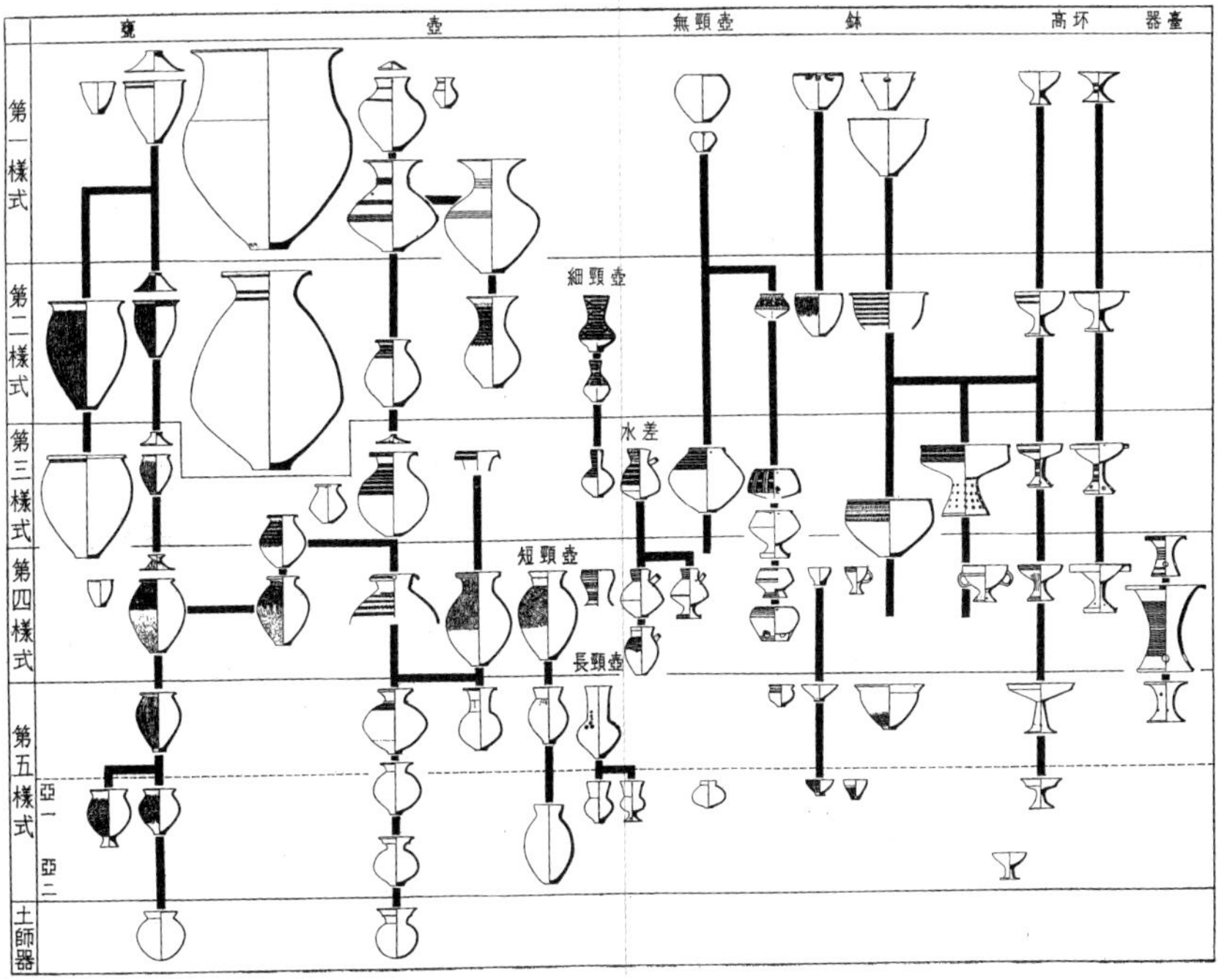

図9　出土土器をもとにつくられた土器編年図
小林は、壺や甕などの器種が弥生時代前期（第一様式）から後期（第五様式）にわたってどのように変遷したのかを系統だて、弥生土器の全体像をはじめて図示した。

3　遺跡保存へ向けて

唐古・鍵遺跡の名称はいつからか

唐古池の調査報告書の刊行以降、一九六二年に唐古池で高床倉庫を描いた絵画土器が採集されたり、一九六六七年の遺跡北端での小規模な調査はあったが、遺跡解明への大きな動きとなったのは一九七七年である。唐古池の南二〇〇メートルの大字「鍵」地区ではじまった第三次調査で、田原本町立北幼稚園園舎の新築にともなう事前調査だった。それまでは唐古池だけが注目されていたが、その南方二〇〇メートル地点まで遺跡であるという認識はいつからなのだろうか。

唐古遺跡の範囲を地図上に示した最初の文献は、奈良県教育委員会が一九七一年に刊行した『奈良県遺跡地図　第二分冊』であろう。遺跡地図の整備は、一九七〇年ごろから作業が進められたようである。このあたりの話は、森岡秀人の回顧録にくわしい。森岡らの踏査により、「唐古（池）遺跡」と「鍵池遺跡」の両遺跡は地図上で一つとなり、「唐古・鍵遺跡」として反映されることになった。

「唐古」と「鍵」の地名は、遺跡の所在する大字名からとっているが、いつごろからこの地名が使われているのかは、判然としない。「唐古」の「カラ」の音から大陸的な雰囲気をかもし出しているが、弥生時代まではさかのぼらない。「唐古」については、一二七四年（文永一一）の『西大寺田園目録』が初出となる。一方、「鍵（鎰）」については一五九五年（文禄四）の検地帳が初出である。現在の鍵集落部分は、室町時代の文献『大乗院寺社雑事記《だいじょういんじしゃぞうじき》』（一四五〇〜一五二七年）にみられる「唐古南」の居館推定地にあたることから、太閤検地による村切りで、近世村落として新しい鍵の地名が誕生したのであろう。

第三次調査がはじまる

田原本町立北幼稚園園舎の新築にともなう第三次調査の担当者は、奈良県立橿原考古学研究所の久野邦雄と寺澤薫であった。真夏の八月一日から晩秋の一一月一五日までの三カ月半におよぶ調査は、唐古池の調査にも負けないくらい壮絶であった。この調査は唐古・鍵遺跡の価値を再認識させることとなり、遺跡保存へと進む記念すべきものとなった。

調査は、幅五メートル、延長一〇〇メートルのトレンチ（調査区）を二本設定し、水田耕土を重機で掘削することからはじまった。第一日目、重機で水田耕土と床土を〇・四メートルほど掘削したところ、たくさんの土器を包含した黒褐色土があらわれた。この時点で、寺澤は遺跡が唐古池から南二〇〇メートル地点まで広がることを確信した。しかし、このことをもってしてもその後にみつかる環濠やさまざまな遺物、そしてこの調査が発端となって遺跡保存への歩みがはじまることなど参加者の誰もが想像できなかった。

寺澤は、その後の範囲確認調査を第一一次まで手がけ、調査を次数であらわすことや千分の一の現況地図の作成、国土座標による測量と調査図面の作成など大遺跡を調査するための基礎をつくり上げた。このおかげで現在では増加する発掘調査に混乱はなく、各調査で検出された環濠などの遺構は一連性が図れ、環濠集落の実像をつくることができた。

環濠の発見

多量の土器を包含する黒褐色土の上面では、遺構はなかなかみえてこない。この黒褐色土と格闘すること数日後、並行する二本のトレンチのうち、西側の第一トレンチの中央で、とくに土器が集中する地点がみつかった。調べていくと、この土器群は大溝の上層を埋めていることが判明した。その南側でも土器は少ないが、もう一条大溝があることがわかった。この二条の大溝を境として、南側では土器がほとんどなく、ムラはずれの様相を呈していた。このことから、これら二条の大溝は唐古・鍵ムラの南東端をめぐる環濠であると結論づけられた。

この成果を受けて、遺跡の名称は田原本町大字「鍵」の名称を加え、「唐古遺跡」から「唐古・鍵遺跡」へと正式に改められた。一九〇一年の高橋健自の「鍵」の名称にはじまり、「唐古遺跡」へと変わり、七七年の歳月を経てその実態を示すにふさわしい名称として「唐古・鍵遺跡」が誕生したのであった。

銅鐸の鋳型外枠の出土

第三次調査でもっとも注目されたのは、銅鐸の鋳型などを含む青銅器鋳造に関連する多種多様な遺物である。九月八日に調査区北側の小溝から、ほぼ完全な形の「鋳型」状土製品が出土した（図10）。そして、この日からこれは何かという議論がはじまることになった。

石野博信によると、奈良県立橿原考古学研究所に銅鐸研究の第一人者である佐原眞ら研究者が集まり、諸説が出された。

一、銅鐸の鋳型説
二、銅鐸の中子をつくるための土型説
三、銅鐸鋳型の試作品説
四、銅鐸鋳型を祭祀のために製作したもの説

以上の四説が出たが、最終的な結論には至らなかった。その後、この土製品の下面に「合印《あいじるし》」があることがわかり、この合印が大阪府茨木市東《ひがし》奈良《なら》遺跡から出土した石製の銅鐸鋳型にみられる型合わせの合印と同様なものと判断され、鋳型説に大きく傾くことになった。

この「鋳型」状土製品は、丸瓦状の形状で、横断面形は半円形を呈している。内側の凹んだ部分には、ちょうど銅鐸がおさまるので銅鐸の鋳型とされた。ただし、この内側の面には銅鐸にみられる流水文や袈裟襷文《けさだすきもん》などの文様はまったくみられず、鋳型とするには問題があった。これを鋳型とするにはこの内側に精製された粘土（真土《まね》）を貼り付け、文様を刻む必要があり、正式にはこの土製品は鋳型ではなく、「土製の鋳型外枠」とよぶべきとされた。（第3章参照）

図10 ● **土製銅鐸鋳型外枠の出土状況**（左）**と鋳型外枠の内面**（右）
銅鐸鋳型外枠：高さ40 cm、上端幅14 cm、下端幅26 cm。内面の両側は幅2 cmほどの平坦面を一段設け、銅鐸の鰭部分とする。また上端の仕切り板から上が銅鐸の鈕部分になる。

範囲確認の調査とその成果

第三次調査はわずか三カ月半の調査であったが、遺跡の重要性を再認識するに足る成果があった。しかし、遺跡全体の範囲や内容についてはまったく不明だった。このようなことから、田原本町では遺跡の範囲確認調査が必要と考え、奈良県立橿原考古学研究所に依頼してその翌年の一九七八年から一九八〇年まで計四回の範囲確認調査を実施した。また、これらの調査とは別に、農業基盤整備などに関連する調査も並行して五回おこない、一九八一年までに計九回の調査を実施した。

一年目の唐古池の東側堤（南東端）に隣接する畑地の調査では、唐古池の調査ではわからなかった集落内部の層位的な関係や遺跡の性格を把握することができた。遺構は上層から下層へと大きく三時代の遺構（弥生時代から古墳時代前期、古墳時代中・後期、平安時代）が重層的に形成されていた。弥生から古墳時代の遺構は、土坑や柱穴など集落に関係するものであった。平安時代の遺構は板組の井戸で、調査地の小字「田中」から『興福寺大和国雑役免《ぞうえきめん》坪付帳《つぼつけちょう》』にみえる「田中庄」であったと推定された。遺物では、古墳時代前期の井戸に供献された赤色塗彩の壺二点と甕一点が出土し、この壺は、その後の調査でも出土していない優品のひとつとなっている。

図11 ● 井戸から出土した赤色塗彩の壺と甕
平面が不整楕円形（1.6×1.1ｍ）で、深さ1.3ｍの素掘りの井戸から出土。土器のほか木製の槽も出土した。後方の赤色塗彩の壺の底部には穿孔がみられる。

二年目は唐古池南東隅から南東へ約一二〇メートルの地点の調査で、南西から北東方向に走行する弥生時代後期前半の大溝を検出した。この大溝は、その走行方向から環濠と推定され、この環濠の南南西にあたる第三次調査で検出された環濠と同一の可能性が考えられた。この二つの環濠がつなげられたことによって、唐古・鍵弥生集落の南東側の範囲が延長二〇〇メートルにわたって推定できるようになった。

ついで国道24号沿いで唐古池南西隅から西へ約一〇〇メートルの地点の調査では、室町時代の大溝や井戸を検出し、『大乗院寺社雑事記』に登場する「唐古氏」の城館遺構と推定された。これらの調査により、唐古・鍵遺跡は弥生時代だけでなく、古墳時代、平安時代から室町時代の遺跡も重複する大遺跡であることがわかってきた。とくに弥生時代前期は濃密に土坑群の分布がみられ、遺跡西部にも広がっている状況が判明した。

ドングリの穴と鶏頭形土製品の出土

三年目にあたる西地区の調査では、大きな成果があった。多数検出した弥生時代前期の土坑(穴)のひとつにドングリが詰まっている穴がみつかったのである。この穴はドングリを水にさらし、そのアクを抜くためのものであった。このような水さらし用の穴は、狩猟採集が生業であった縄文遺跡から多くみつかっているが、弥生時代では、はじめての検出となった。稲作に移行して間もない弥生時代前期において、この穴は米の成熟度と生産性の低い段階での非常用食料施設であったと寺澤は推定した。

もうひとつの成果は、弥生時代後期（二世紀中ごろ）の鶏頭《けいとう》形土製品が出土したことである。これは鶏の頭部を土でかたどり、鶏冠やくちばしなど、きわめて写実的に表現したもので、弥生時代人の美的センスが感じられる秀逸な造形品である。鶏は古来より「時を告げる鳥」として神聖視された動物で、弥生時代から「まつり」の重要な構成要素になっていたことがわかった。

奈良県立橿原考古学研究所によるわずか三年間の調査で、環濠集落の範囲（居住区）は東西三五〇メートル、南北五〇〇メートルと推定できるようになり、弥生時代だけでなく古墳時代の集落と古墳、中世荘園屋敷、唐古氏居館など複数の時代のさまざまな性格の遺跡が重複していることがわかった。また、弥生時代には類例のない遺物も数多く出土した。

これらの成果によって、唐古・鍵遺跡の重要性と継続的な調査の必要性が認識されるようになり、地元田原本町は調査体制の整備と遺跡の保存に向かうことになった。唐古・鍵遺跡の調査は、県から町へと移行し、一九八二年七月から田原本町教育委員会による調査がはじまった。この調査以降、現在に至るまで田原本町教育委員会による発掘調査が実施され、二〇一八年一二月現在、一二六次を数えるに至っている。この一〇〇次を超える調査の成果にもとづいて、唐古・鍵ムラの全容を説明しよう。

図12 ● 土坑から出土した鶏頭形土製品
ほぼ実物大の高さ11㎝。頸の部分は棒状で、胴体部分に差し込んだと思われる。

第２章　明らかになる大規模弥生集落

1　唐古・鍵遺跡の建物構成

なぜ、この地が選ばれたのか

私は、唐古・鍵遺跡が奈良盆地で最初に出現した弥生ムラだとみている。奈良盆地は東西一五キロ、南北二〇キロほどの断層盆地で、周囲の山々から流れ出た小河川の水は盆地中央部で集まり、大和川となって北西部の王寺町あたり（標高約四〇メートル）から生駒山地を横断して大阪へと流れ出る。唐古・鍵遺跡は、王寺町から約一〇キロ上流の標高四八～五〇メートルの沖積平野に立地する。石野博信は大和への稲作導入ルートのひとつとして大和川遡上を推定しており、この場合、最初にたどり着く地が唐古・鍵になる。

唐古・鍵の地にムラがつくられた当初は、弥生時代前期初頭（紀元前五世紀）の土器にまじってごく少量の縄文晩期土器が出土するような状況である。この地では縄文時代晩期単独の遺

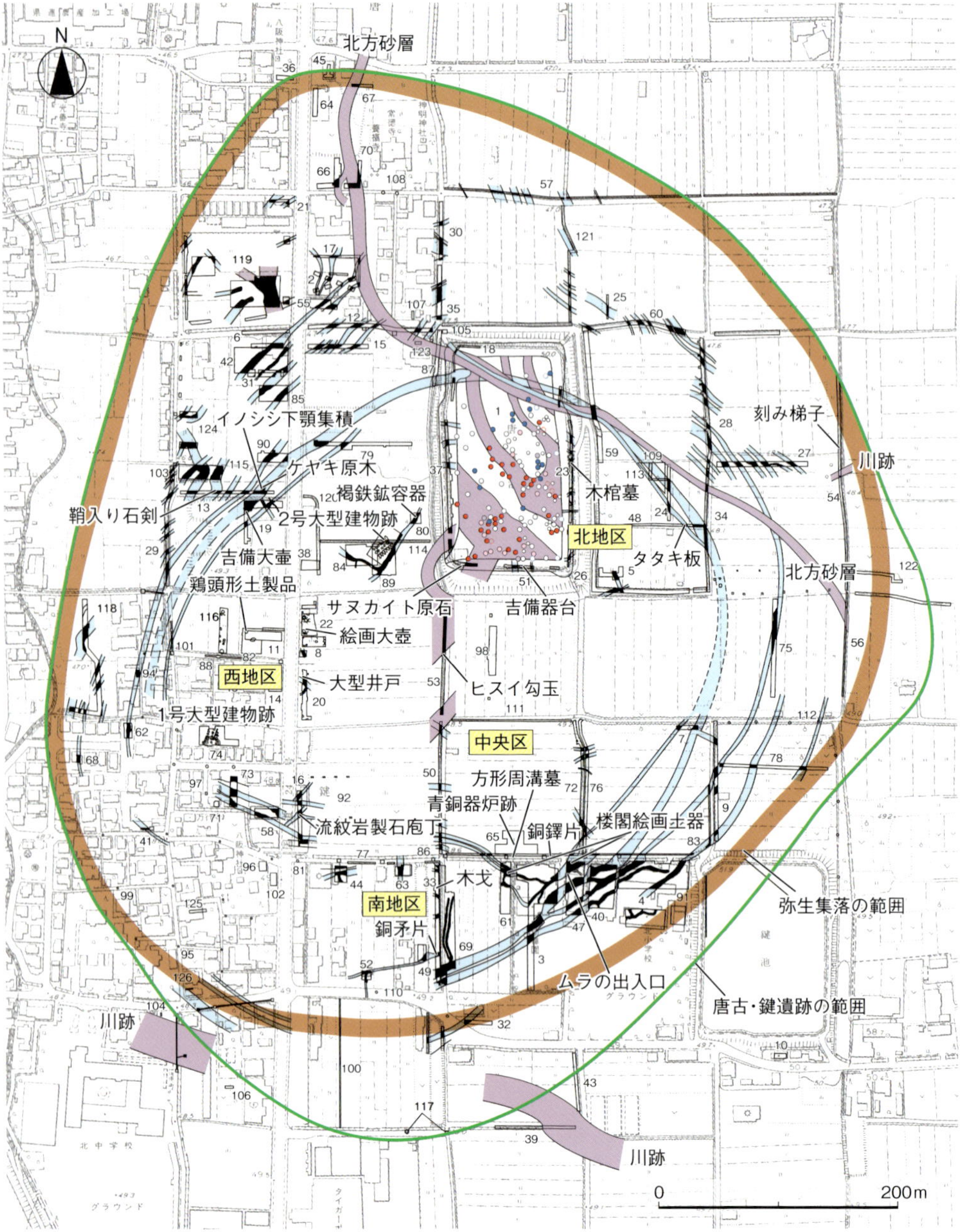

図 13 ● 唐古・鍵遺跡全体図

数字は第 1〜126 次調査の次数。調査は、年に 3 回程度実施したことになる。調査面積は約 39,000 m²で、遺跡全体の 9%（うち唐古池の第 1 次調査は 3%）にあたる。

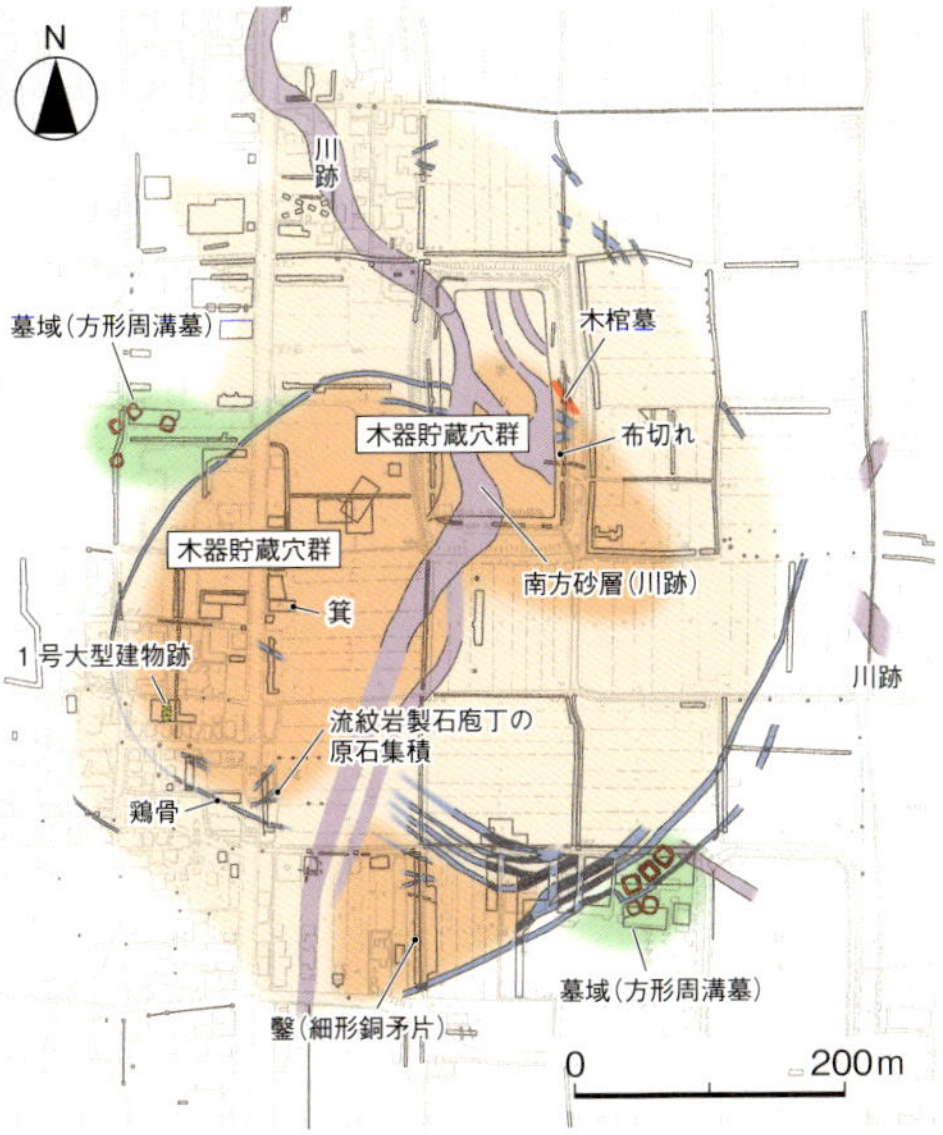

①弥生時代前期から中期初頭　※南方砂層は一部改変
（大和第Ⅰ-1様式〜大和第Ⅱ-3様式）

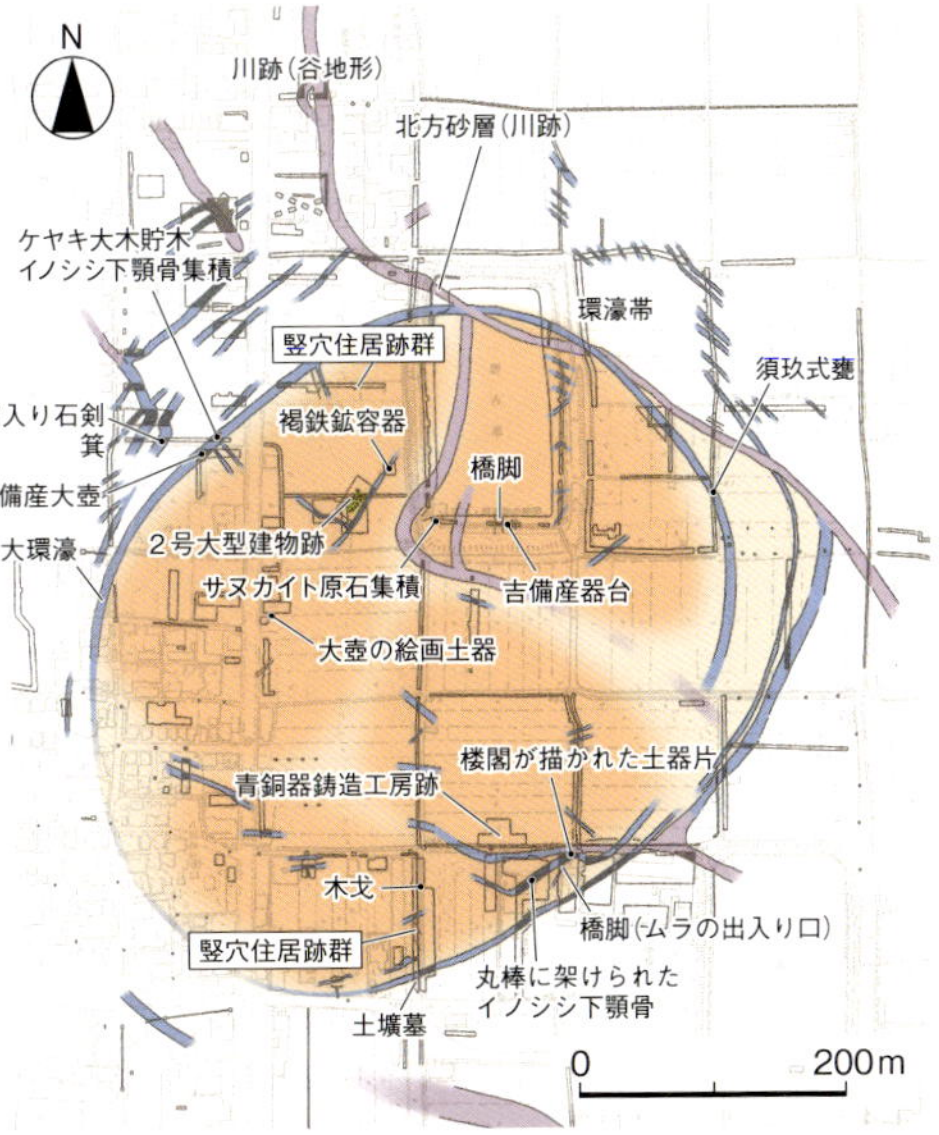

②弥生時代中期中頃から中期後半
（大和第Ⅲ-1様式〜大和第Ⅳ-2様式）

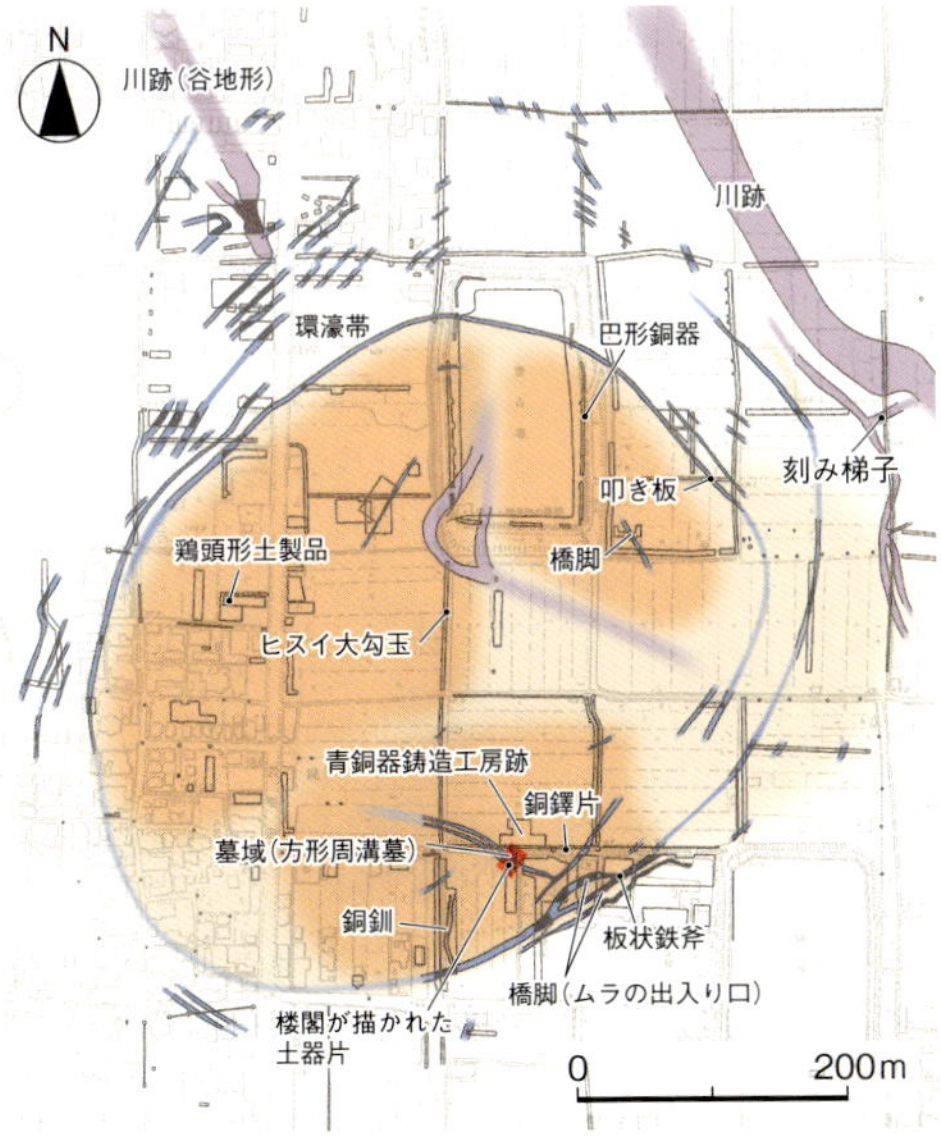

③弥生時代後期
（大和第Ⅴ-1様式〜大和第Ⅵ-3様式）

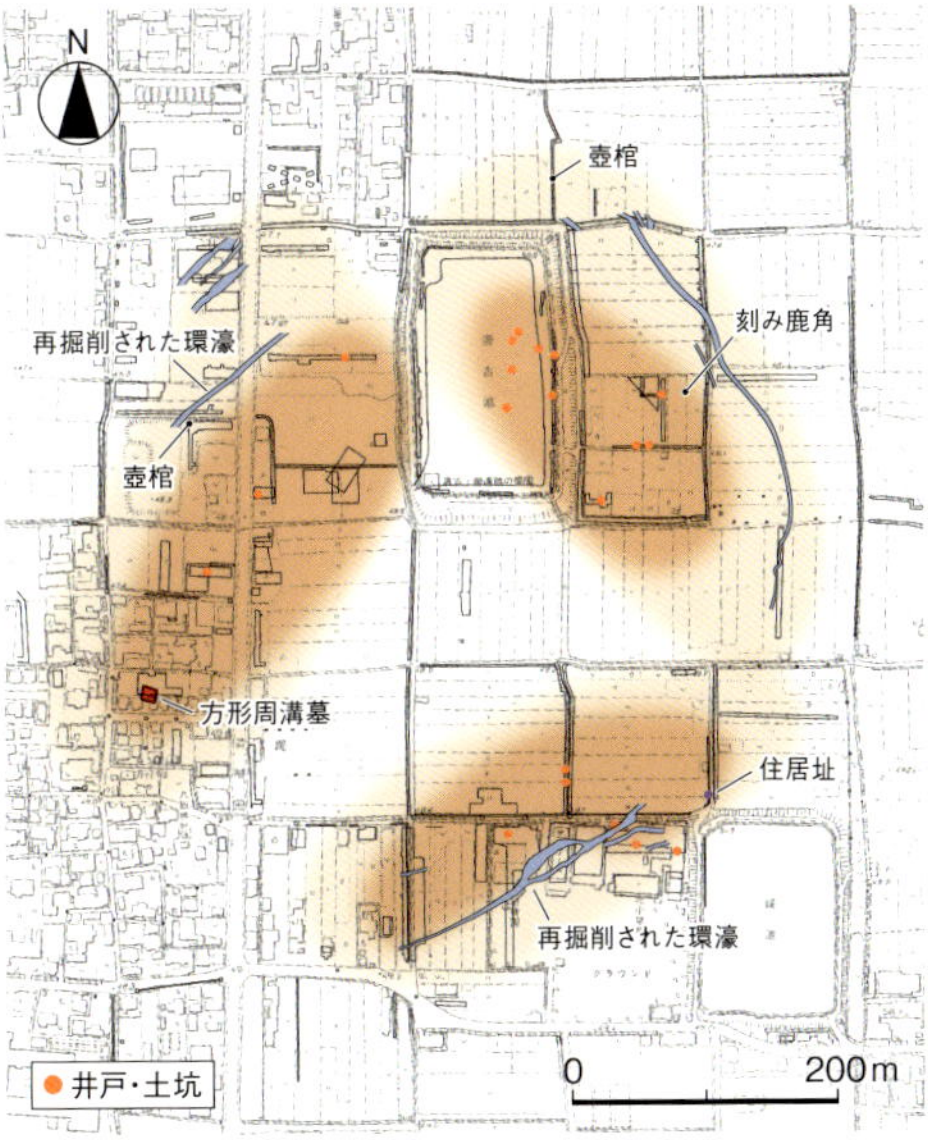

④古墳時代初頭・前期
（庄内式・布留式）

図14 ● 唐古・鍵遺跡の変遷

①集落の中央を流れる川の両側の微高地に居住区を展開。②大環濠集落が成立。大環濠の外側にも環濠を掘削し、「環濠帯」を形成。③環濠は洪水層によって一端埋没するが、再掘削によって中期と変わらないムラの規模を維持。後期後半には墓域が南東部に展開。④居住域は限られ、弥生時代前期以来の微高地に集中する。外縁部にあたる中期の大環濠を再掘削。

構がみられないことから、人がほとんど住んでいない未開拓の、しかしながら農耕に適した肥沃で広大な大地がひろがっていた。そこに稲作農耕の技術と文化をたずさえた人たちが、大和川をさかのぼってやってきたと私は考えている。それは、唐古池東側堤防の護岸工事で検出され弥生時代前期末の木棺墓の人骨が馬場悠男《ひさお》により渡来系と同定されたことや、弥生時代前期初頭の土器やその他の遺物群が弥生文化として完成されているからである。この地の縄文時代の人たちが稲作を採用したとするより、唐古・鍵の地に新しくムラを成立させた人たちは「ヤマト」在住の人たちではなかったとみてよいであろう。

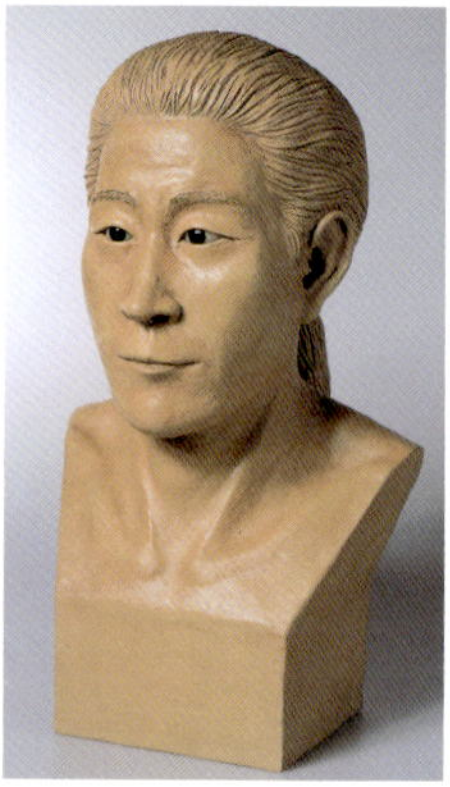

図15 ● 弥生時代前期末の木棺墓（左）と復顔模型（右）
北地区居住区の北東縁辺部で、2基の木棺墓がみつかった。出土した頭骨は左半分しか残っていなかったが、馬場悠男は現代蒙古人の人骨を参考に補い、復顔模型を完成させた。

九〇〇人が住むムラ

唐古・鍵遺跡では、直径二〇センチほどの柱穴やその中に残る柱、また灰が詰まった小穴（炉跡）が密集してみつかる。これらは何百年にもわたって住居が営まれ、増築や建替えがくり返された結果である。しかしながら、建物がつくられた地面は後世に三〇センチほど削られており、どんな建物であったのかは、なかなか判断できない。唐古・鍵ムラの環濠で囲まれた居住区内は平坦でなく、微妙に高低差がある。南地区の北幼稚園北側は集落の中でも少し低い場所であったため、地面の削平が少なく、円形に地面を掘り下げた竪穴の部分がみつかった。直径一一メートル前後の円形プランの大形竪穴住居で、掘り込みの輪郭がわかるはじめての竪穴住居となった。

竪穴住居は、柱穴の検出状況から密集する傾向がみられ、少し低いところにつくられている。このような竪穴住居の地区は、ムラの一般構成員の居住区と考えてよかろう。これに対し、立地的に良好な微高地が三カ所ある。このような場所の一画では柱穴が密集しない所があり、掘立柱建物が想定される。これらの建物は、ムラの首長層の館や共用施設、重要な品物を管理するような倉庫などであったと推定している。

竪穴住居数からムラの人口を推定する方法（一軒あたり約五人）があるが、唐古・鍵ムラの住居数は上記のような状況のため、人口を推定することはむずかしい。このような方法とは別に、安藤広道は竪穴住居数が判明している環濠集落（横浜市大塚遺跡）の面積比較から人口を推定する考えを示している（二ヘクタール

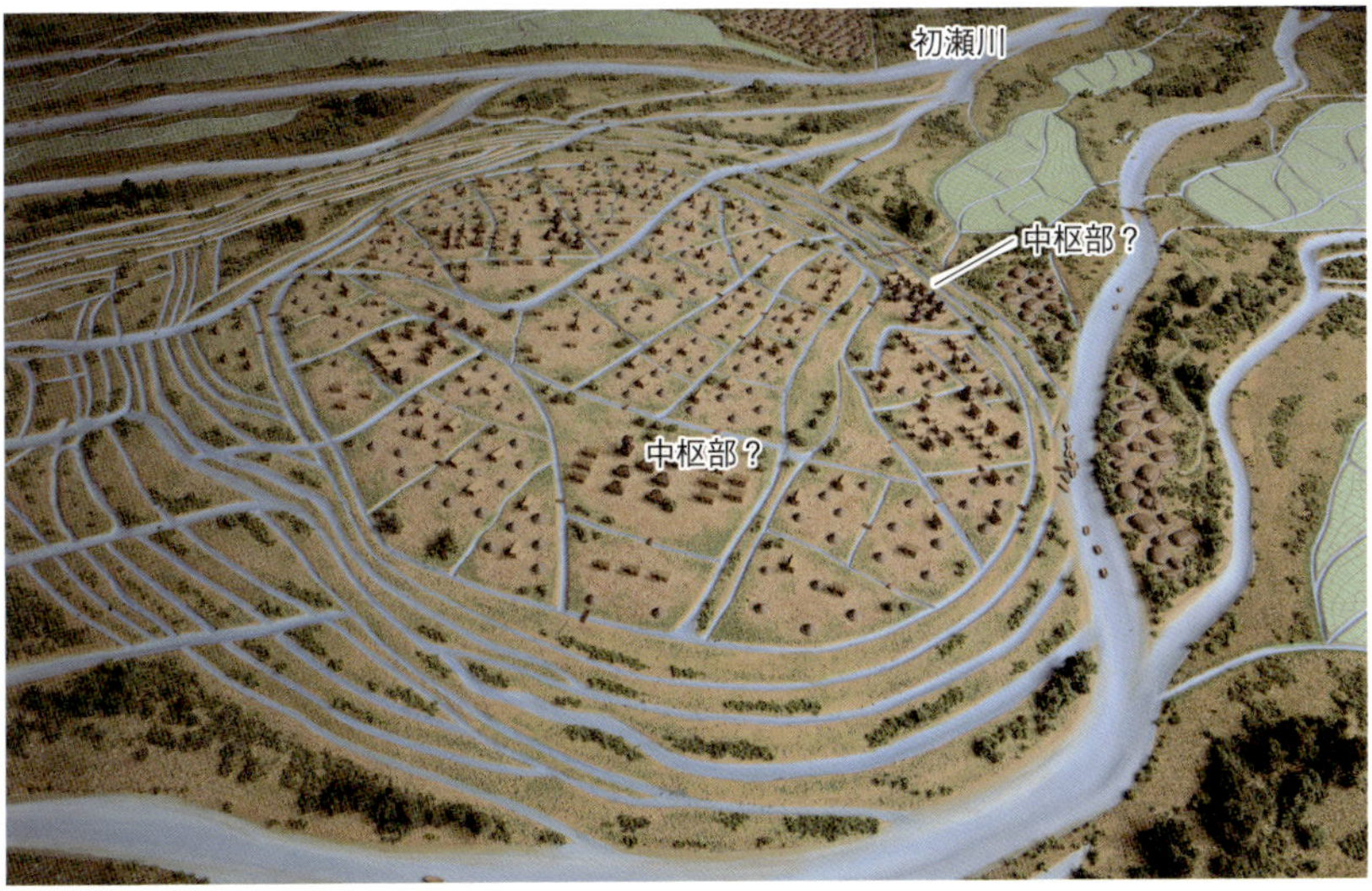

図16 ● 最盛期（弥生時代中期）**の唐古・鍵ムラ**（ジオラマ、西から）
弥生時代中期後半ごろの集落。河川にはさまれた微高地に集落が展開。多重環濠の内部には無数の区画溝（排水用）が掘削され、外側には水田と墓地がつくられた。

一〇〇人前後）。これを援用すると、唐古・鍵ムラ最盛期の居住区は一八ヘクタールなので、人口は約九〇〇人になる。この数字は一つの試案にすぎないが、それより少なく見積もっても国内最大級の弥生集落といえよう。

二棟の大型建物跡

弥生時代の大型建物は、平面が長方形プランの掘立柱建物で、床面積が五〇平方メートル（約三〇畳）以上もあるような建物である。このような建物の用途としては、「首長の館」「神殿」「集会所」「倉庫」などさまざまな説が出されているが、定まっていない。

唐古・鍵遺跡では、集落西部の微高地（西地区）で二棟の大型建物跡を検出している。この二棟は、距離的には二〇〇メートルほど離れており、一号大型建物跡は弥生時代中期初頭（紀元前四世紀後半、図17）、二号大型建物跡は中期中ごろ（紀元前三世紀後半、図18）で、時代的には一〇〇年あまりへだたっ

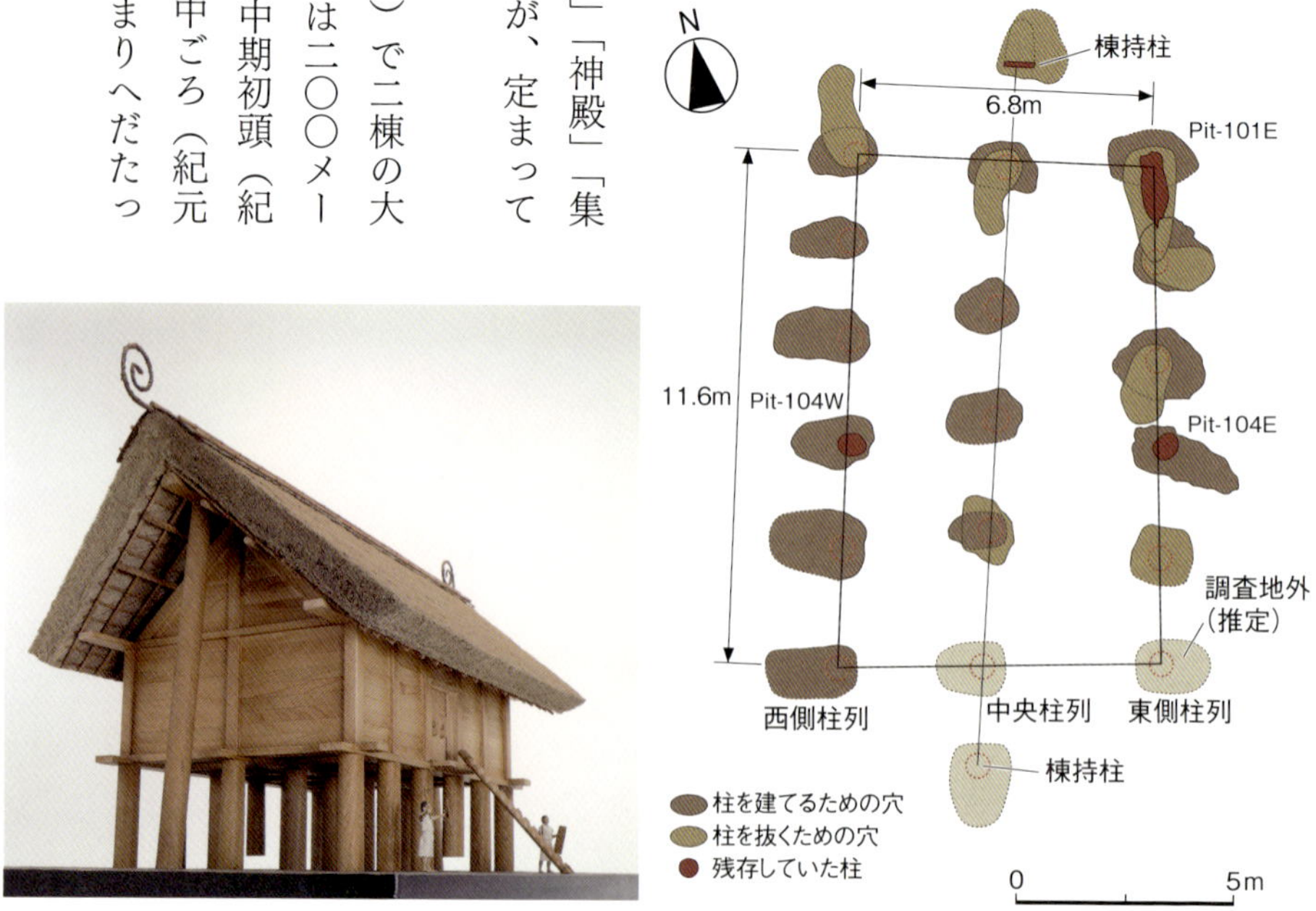

図17 ● 1号大型建物跡の柱穴平面図と復元された模型
16基の柱穴のうち、4基に柱が残存。棟持柱はヤマグワ、他はケヤキ。3本の柱のうち、1本は倒されていた（Pit-101E）。模型は、宮本長二郎による復元図をもとに製作。

ている。どちらも三列の柱列で構成され、ほぼ同規模で長辺一一・六〜一三・七メートル、短辺五・八〜六・八メートルの切妻式建物（床面積約八〇平方メートル／約五〇畳）に復元できる。大きく異なるのは、大棟を支える柱の位置である。一号大型建物は、大棟の両端が大きくせり出し、それを支える柱（独立棟持柱）が建物の外側にある。このような独立棟持柱のある建築様式は、現在でも伊勢神宮の正殿にみられる独特なもので神殿説が有力視されるが、原始時代において神が坐す建物が存在したのかという点で疑問視する意見もある。これらの大型建物にはどのような性格が与えられるだろうか。

一号大型建物の場合、建物周辺は弥生時代を通して遺構・遺物が少なく、また遺物包含層の形成もなく、人の気配を感じさせない空間である。これに対し、二号大型建物では遺構が錯綜し、その密度も高く、かつ厚い遺物包含層があり、人びとの生活を感じさせる。これらからすると、独立棟持柱のある一号大型建物は、神殿とよばないにしても神聖な空間「ハレ」の場に

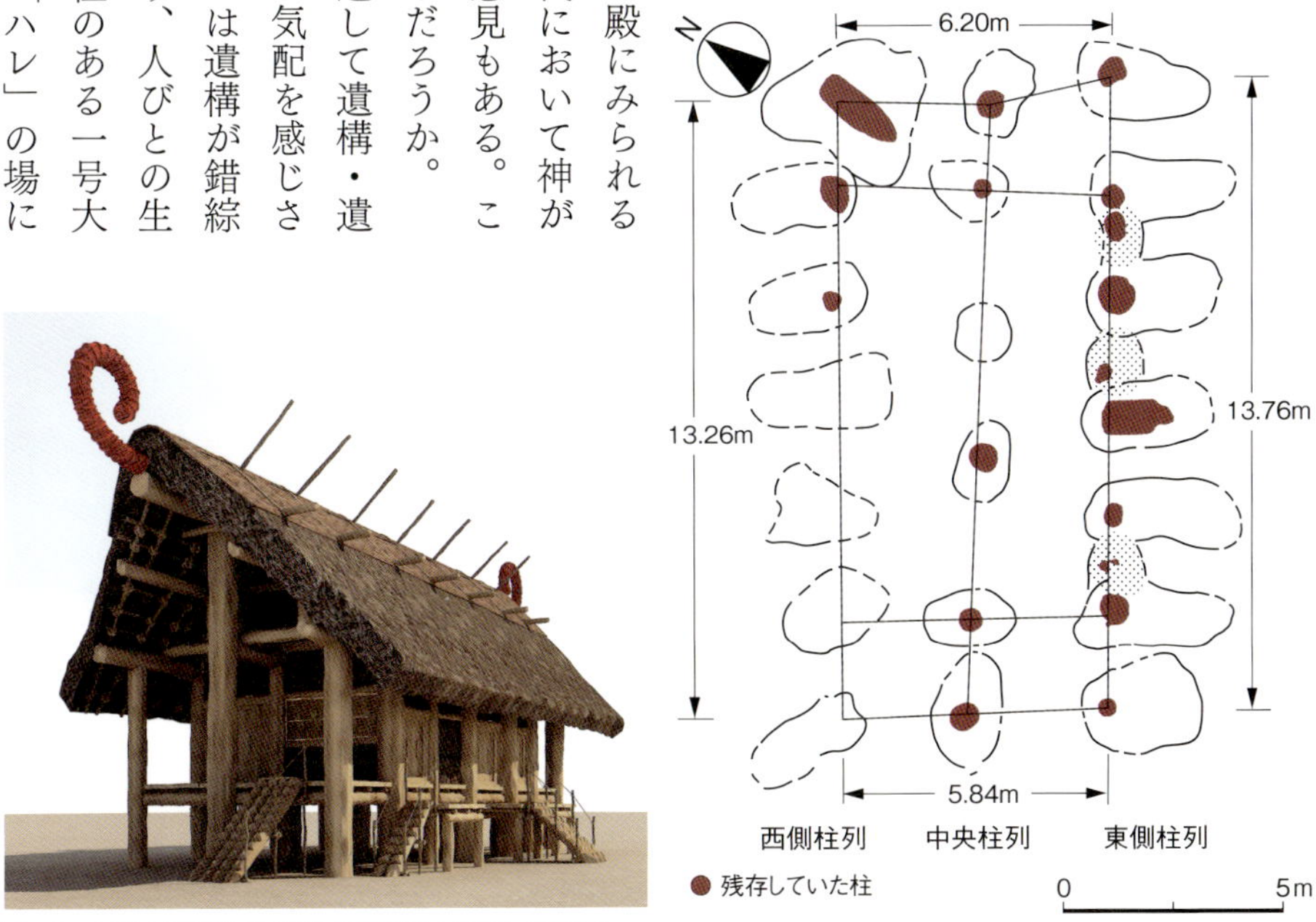

図18 ● 2号大型建物跡の柱穴平面図と復元イラスト
18基の柱穴にケヤキの柱が残存していた。黒田龍一は、建替えによる重複する柱穴ではなく、1棟の建物の柱穴とみて、長辺両側に縁台を設ける建物として復元した。

ある建物であった可能性がある。この建物には、唐古・鍵ムラ周辺で収穫された多量の米が蓄えられ、「穀霊」が宿った籾が納められていたのかもしれない。ちなみにこの一号大型建物跡の調査では、井戸に多量の籾殻が投棄されていたのがみつかっている。

他方、二号大型建物は、日常的な「ケ」の場にあった建物ではなかろうか。ただし、このような大型建物は一棟だけで存在するのでなく、「ハレ」や「ケ」の場には複数の大型建物があったと考えてよい。それはこの二号大型建物を区画する溝から後述するヒスイ勾玉を納入した褐鉄鉱《かってっこう》容器が出土しており、二号大型建物周辺では全容は把握できていないが四〇センチを超える複数の大柱を検出しており、広範囲にわたって大型建物が存在したと考えられる。このことから大型建物等で構成される空間の把握には大規模な調査が必要であり、将来の課題である。

ケヤキ材でつくられた大型建物

唐古・鍵遺跡の二棟の大型建物においては、弥生時代最大級の直径八三センチのケヤキ柱をはじめとする六〇センチ前後のケヤキ材が多用されている（図19）。これはムラ周辺にケヤキが多く自生したことによると思われるが、それだけが原因なのだろうか。黒田龍一が推定するように、ケヤキ材はヒノキ材と異なり直幹材が少なく、建築にあたっては現地で臨機応変に組み上げていくことになる。そこには整然とした大型建物のイメージはない。私たちは図面上から復元された直線的な建物を推定するが、唐古・鍵遺跡の建物を復元するにあたっては、まったく異なった大型建物をイメージするほうがよいかもしれない。

唐古・鍵の人たちは近場で調達できるということだけで、ケヤキ材を大型建物の柱として使用したのであろうか。辰巳和弘は、ケヤキ（槻）を古代の王権をあらわす象徴的な樹木とみており、その源流は唐古・鍵遺跡の大型建物にあるのではないかと推定している。私も唐古・鍵ムラにおいては、ケヤキ大材を用いた一種独特の建築物をつくることに重要な意図があったと思う。

復元された楼閣

楼閣と大型建物が描かれた壺は一九九一年に南地区で出土し、翌年、新聞などで大きくとり上げられた。この建物絵画（図20）は、それまでの登呂遺跡に代表される弥生時代の牧歌的な農村のイメージとは大きく異なる高層建物（楼閣）が描かれていたことに重要な意義がある。これ以降、弥生時代の大規模な集落を構成する要素として、このような建物がイメージされるきっかけとなった。

このころの唐古・鍵遺跡は新聞などに大きくとり上げられ、注目される遺跡になったにもかかわらず、国の史跡でもなく遺跡全体は水田で、来訪者の多くはどこが遺跡かまったくわからない状況であった。このようなこと

図19 ● 弥生時代最大級のケヤキ柱
2号大型建物の北西隅柱（図18右図の左上）で、直径83cm、長さ250cmが残存。柱下部には長方形の貫通する穴があけられ、内部には14本の蔓（つる）が残存していた。柱を運搬するときのものであったと考えられる。

から、町ではこの絵画を元に楼閣を復元して、遺跡のランドマークにしたいと考え、どこに建てることができるのかを検討し、すでに遺構が消滅している唐古池内の南西隅に建築することになった（図21）。当時、楼閣のような建築物が本当に弥生時代に存在するのだろうかという懐疑心から、評判はよくなかった。その後、唐古・鍵遺跡では大型建物跡が発見され、また各地で大型建物が復元されるようになり、現在では弥生時代の復元建物として認知される存在になった。

この絵画土器片の復元楼閣は、遺跡保存を進めるうえでも重要な役目を果たした。唐古・鍵遺跡の知名度がアップするとともに、地元住民の遺跡への理解、行政に対する保存への期待感が深まり、史跡指定への動きに弾みがついた。

新たな楼閣絵画

二〇一七年四月には、新たな楼閣絵画土器がみつかった。前述の楼閣絵画の壺には別にもう一棟の楼閣が存在したのだ。唐古・鍵遺跡の出土品は、これまでの四〇年間で一万三〇〇〇箱を超える膨大な量がある。一年に五〇〇箱以上の遺物が増加する年度もあり、丁寧に土器を観察する時間もなく収納されていた。そのため、もう一度確認することにし、その整理中にみつ

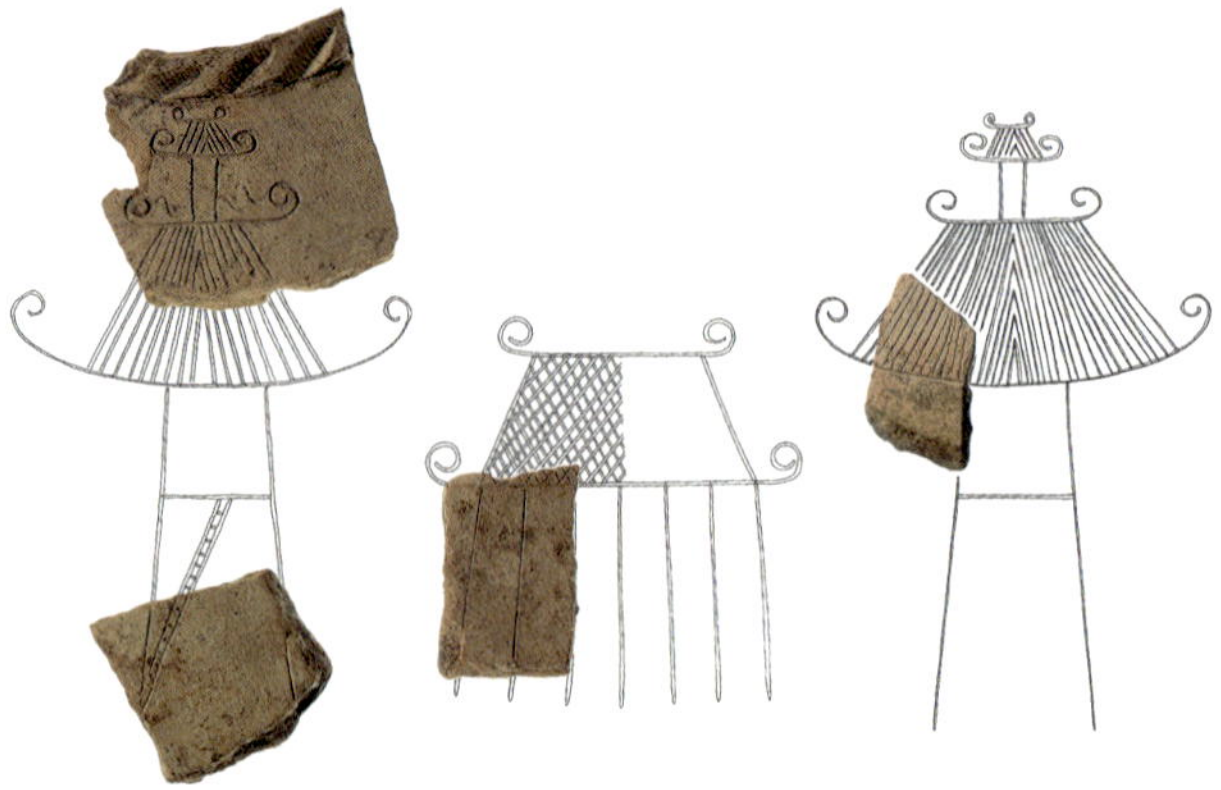

図20 ● 楼閣と大型建物が描かれた絵画土器
高さ50 cmほどの紀元前1世紀前半の壺に描かれていた。左端の2片は1991年、中央は2000年の調査で、右端は2017年の再整理で発見。大型建物を中心に2棟一対の楼閣の存在が想定される。

けたのである。

この絵画土器片（図20右）は最初の楼閣絵画土器と同じ調査区からの出土で、一〇メートルほど離れた地点から出土した。これは六・一×三・七センチほどの小片で、表面には楼閣の屋根を思わせる左下がりの斜線一三本以上と柱一本が線刻されていた。今回の絵画が第一の楼閣絵画の一部なのか、はたまた別の楼閣なのかが問題であった。二片を比較すると、今回の絵画は第一のものより屋根の斜線の本数が多く、その間隔も狭く、別の楼閣と考えられた。つまり、この壺には二棟の楼閣と一棟の寄棟大型建物の計三棟以上が描かれていることが判明した。

楼閣の性格

こうした楼閣の存否については諸説があるが、現在では唐古・鍵ムラに実在した可能性を否定する人は少ないだろう。私も、これまで唐古・鍵ムラには楼閣と大型建物が建っていたと漠然と考えていた。しかし、この楼閣絵画の発見から二五年以上経て、いまだにこの意匠は他の遺跡で発見されていない。このことは、この楼閣がきわめて特殊な建物であるこ

図21 ● 復元された楼閣
図20の絵画土器をもとに、1994年に復元。楼閣の遺構はみつかっていないため、規模は不明である。高さ12.5mで復元。

とを示している。第二の楼閣絵画の発見により、軒先が反り上がる楼閣の全体像が具体的になり、さらには大型建物を中心に二棟一対の楼閣が建つムラのイメージも明確になった。中国漢代では、二棟一対の楼閣は画像石に「楼闕《ろうけつ》」として描かれている。唐古・鍵ムラの建物群は、中国風の意匠をとり入れた首長居館の姿をあらわしていた可能性があると私はみている。

二点の楼閣絵画は、紀元前一世紀前半のものだが、つづく紀元一世紀前半にも楼閣絵画の可能性がある土器（壺）片が出土している（**図22**）。この土器片を積極的に評価するなら、唐古・鍵ムラには数世代にわたって楼閣が建っていたことになる。唐古・鍵ムラに高くそびえる楼閣は、近畿中央部の最大級のムラにこそふさわしい建築物といえるだろう。

図22 ● 弥生時代後期初頭の楼閣絵画
図20の楼閣絵画土器出土地点から西50ｍで出土した1世紀前半の土器片。

2　中枢部はどこか

西地区中央部の特殊性

このような大型建物や楼閣が、唐古・鍵ムラの首長が住む特別な空間だったのであろうか。

西地区の弥生時代中期初頭の一号大型建物は有力候補である。この建物は残存したケヤキ柱に差異がみられ、立ったまま出土した二本の柱には柱を運搬するときの綱を通した目途穴《めどあな》がなく、年代は炭素14年代測定で下っても紀元前五世紀までであるのに対し、倒されていた柱は目途穴があって測定値は紀元前四〜三世紀前半であり、柱の形態や年代が異なる。このことから、年代の古い柱は前身建物からの転用で、根元の腐食から目途穴あたりを切断した可能性があり、この大型建物より古い前期末の大型建物が近隣に存在した可能性が高くなる。

また、この大型建物がなくなる弥生時代中期中ごろから後期にかけても、この場所には竪穴住居やごみ穴のような遺構がほとんどなく、顕著な遺構としては井戸だけという特殊な状況があり、これら井戸から戟形《げきがた》木製品や籾殻、供献土器が出土している。その西側では卜骨八点と供献土器が出土した中期中ごろの大形井戸や多数の供献土器が出土した後期の井戸があり、遺跡全体のなかでも井戸が集中し、その出土遺物は他の地区より供献土器が顕著なのである。前述の籾殻は、井戸の中ほどにこれのみが堆積しており、井戸に一括投棄されたものである。厚さ二〇センチほどの堆積だが、土圧で圧縮されていることから相当量の籾が一度に脱穀されたことを示している。このような場所での米の扱い方について重要な示唆を与えるといえよう。

さらに一号大型建物跡の北八〇メートルでは、祭祀遺物である弥生時代後期後半の鶏頭形土製品が出土（**図12参照**）。また、南一〇〇メートルでは、日本最古（弥生時代中期／紀元前四世紀後半）の鶏（雄）の骨が江田真毅《まさき》によって同定された。江田によれば、弥生時代の鶏骨の発見例は二〇例ほどで、性別のわかる大半は雄だという。鶏が大陸から日本へ選択的にもち込まれ、その時期が判明したことは重要な成果である。弥生時代中期初頭には、鶏が唐古・鍵ムラの西地区で飼われていた可能性がある。そして、後期後半には土製品が出土しているから、継続的にこの地区で鶏が関係する祭祀的な行為があった可能性が高く、大型建物周辺の特殊性が浮かびあがってくる。

楼閣絵画土器が出土した南地区

中枢部のもう一つの候補地として、楼閣絵画土器が出土した南地区があげられる。この地区は、弥生時代中期後半以降、下記の点で注目できる。

一、南地区の北東側に青銅器工房が設置される。

二、絵画土器や銅鐸形・鳥形・人形土製品などが多く出土していて、絵画土器では中期後半と後期初頭の楼閣絵画がある。

三、二条の並行する区画溝が存在し、この区画溝の内部は未調査のため不明であるが、区画溝ちかくには竪穴住居でなく掘立柱建物が検出されており、それらで構成される可能性が高い。

四、西地区で説明したような籾殻層のある井戸（籾殻層の上から木戈が出土）が検出されている。

このように考えると、西地区や南地区にはムラのなかでも特別な空間が存在することが想定され、その初源は弥生時代前期末までさかのぼる可能性がある。それらが祭祀的空間なのか、また首長層の居住空間なのかという性格づけ、そして、長期間継続するなかでこの地区がどのように変遷していくのかについてはもう少し材料が必要である。

3　多重環濠と井戸

大環濠・多重環濠の掘削とその労力

小学校や中学校の教科書では、弥生時代のムラをイラストなどで環濠集落として描かれることが多いが、当時のムラのすべてが環濠集落というわけではなく、その姿も一様ではない。日本の歴史上、環濠をもつ集落は弥生時代と戦国時代に多くみられる集落形態で、農耕に適しない急峻な山頂近くや丘陵上に見張り台的に築かれるものもあり、争乱・戦いの時代であったことを物語る重要な遺構と理解されている。

しかしながら、低地に立地する唐古・鍵遺跡のような大規模な多重環濠は、争乱だけの理由で必要であったのかは疑問だ。環濠の機能は争乱という一つの機能に収斂されるものではなく、平時には運河としての機能もあり、もっとも重要な機能はムラを洪水から守る、すなわち水を集落の周囲に迂回させるとともに排水機能があったと考えている。

唐古・鍵ムラの「大環濠」（内濠）は、弥生時代中期前葉末（紀元前四世紀末）に成立し、その後、環濠は外側に条数をふや

図23 ● ムラの南東部を囲む多重環濠
3条の環濠は、中期から後期にかけて維持された。これら環濠では、弥生時代中期の橋脚（赤丸）と後期初頭の橋脚（黄丸）が検出されて、一直線上に並ぶことから中期から後期にかけて、ムラの出入り口であったと推定される。

す。北西側がもっとも多く、後期には七、八条以上掘削された。それらの環濠は埋没・再掘削をくり返し、最終的には古墳時代前期までその多くが維持された。最初に掘削された大環濠は、最低でも五〇〇年間ぐらいは存続しており、その環濠の毎年の維持管理とさらに新しく掘削する環濠に対して膨大な労働力が費やされた。

唐古・鍵ムラの大環濠は、幅七〜八メートル前後、深さ二メートルほどあり、長軸五三〇メートル、短軸四〇〇メートルの居住区を囲んでいる。環濠の総延長は一五四〇メートルもあり、土木量にすると一万三九五立方という膨大な土量になる。古代の労働力を計算することは困難だが、仮に一人一日一立方の土を動かすとしたら、大環濠の掘削には一〇〇人で一〇四日はかかることになる。このほか、環濠を掘削する場所の木の伐採やさまざまな道具の調達などその準備期間も必要である。また、掘削は雨期ではない冬の農閑期の作業であり、雨の日などを除けば、上記の労働力を投入しても一年以上かかる作業になる。このような作業を外濠（規模は縮小するが、距離は長くなる）にもおこなっており、環濠掘削とその維持管理には膨大な労働力確保と実行する統率力が必要で、このムラにはその力が備わっていた。

大環濠に貯木されていたケヤキ大木

集落北西部で検出した大環濠は幅八メートルもあり、多量の遺物とともにその中層から直径〇・六メートル、長さ五・五メートル以上もあるケヤキの大木が横たわるように貯木されていた。このケヤキの大木について、調査当時は木製品を製作するために環濠に水漬けされていたと考えていたが、その考えは前述の二号大型建物跡の発見で改めることになった。この大型建物では、直径四五〜八三センチのケヤキ柱を使っており、環濠との距離は一〇〇メートルと近い。このことから、環濠にあったケヤキの大木は大型建物建築用の柱であった可能性がある。環濠の位置からすると、ムラ北西部に自生していたケヤキを伐採し、環濠を使いムラ内部に運び入れたのだろう。当時のこの周辺の環境を考えると、大木の運搬は陸送よりも環濠を運河として利用した水運のほうが効果的だったと考えられる。

このように環濠には外界とつながる運河的な役目があり、唐古・鍵遺跡の環濠は上流の河川から水を引き入れ、下流の河川へと水を流したと考えられる。上流にあたる南東部の環濠は、集落縁辺をめぐり、下流の北西部で終結するが、それら環濠の末端は川（谷地形）につながるようになっており、環濠の終結部分に集まった水は川に流れ込んでいく構造であった。この川の先は、清水風遺跡を経て大和川とつながっていると考えられる。

井戸と水神信仰

唐古・鍵遺跡での井戸の出現は、定住をはじめた弥生時代初期（紀元前五世紀）ではなく、大環濠が掘削された中期前葉末（紀元

図24 ● 環濠に貯木されたケヤキ大木
大環濠に直径55 cm、長さ5.5 m以上のケヤキ大木が貯木されているのが確認された。当初、この大木の用途は不明であったが、2号大型建物跡の検出から北地区北部の大型建物用の柱材の可能性が高くなった。

前四世紀末）からである。ムラ内部を流れていた小河川が環濠の外側に流れを変え、河川から簡単に水を確保することができなくなったためであろう。

これまでの調査（遺跡全体の九パーセント）で検出しただけでも井戸は二〇〇基余りあり、おそらく総数はその数十倍にのぼるだろう。大半は直径約一・五メートル、深さ二メートルあまりの井戸枠のない素掘りだから、水がたまると周壁が崩壊し、おそらく一〇年も維持できなかっただろう。このような井戸では、掘削間もない井戸底や、井戸機能が喪失した段階の井戸の中層や上層から完全な形の土器が出土する（**図25左**）。細頸壺や水差形土器、長頸壺などで、液体を貯えるのにふさわしい「水壺」とよぶべきものが供献された。井戸を掘削したとき、水の神を壺に宿させ、その役目が終わったときには水壺の胴部を穿孔し、水の神を鎮めたのであろう。

このような井戸への土器供献は、後期になるとますます盛んになり、多いものでは四〇点余りが供献されている。また、この時代には龍の意匠が大陸から伝わり、各地で龍の絵画が描かれる（**図25右**）。唐古・鍵遺跡でも水壺である長頸壺や広

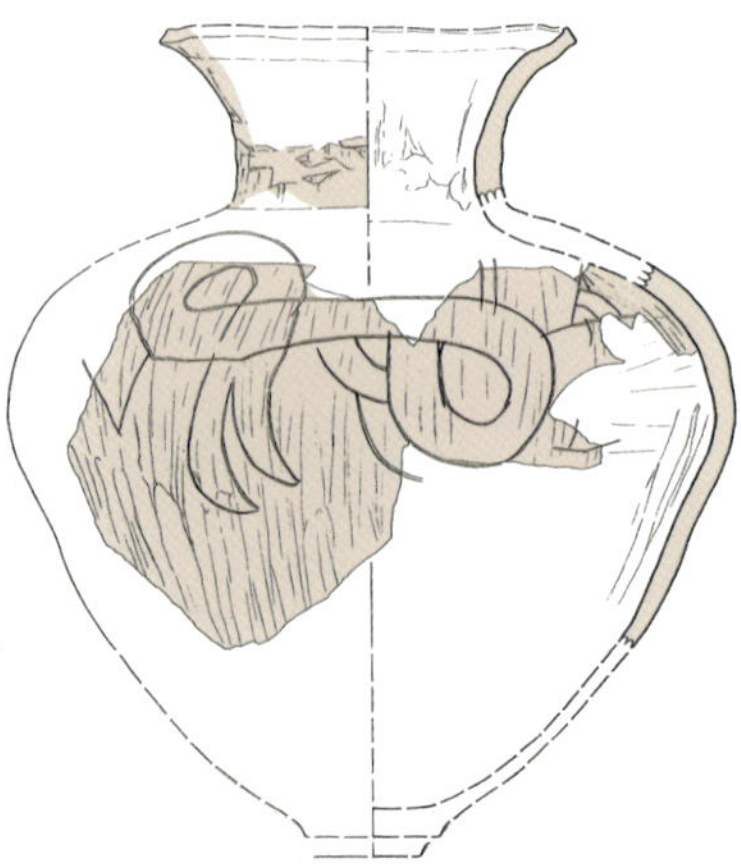

図25 ● 壺が供献された井戸（左）**と壺に描かれた龍**（右）
弥生時代後期の井戸には、完形の壺などを供献することが多い。
左の井戸の中・下層から15点の完形・半完形の土器が出土。

口壺に龍が描かれており、龍と水との関係を示している。弥生時代以降、龍（蛇）神信仰は日本に定着し、現代においても各地の民俗行事として引き継がれている。

現在も唐古・鍵遺跡に隣接する鍵と今里の村には、稲藁・麦藁でつくった蛇を人びとが引きながら村中を練り歩き、最後はその蛇を木に吊す「蛇巻き」という農耕行事がつづいている。蛇を吊す木の場所は、寺川から水をとり入れる「水口」にあたる場所だったと私は推定している。まさにこのような行事も龍（蛇）神と水との関係を示すものであり、弥生時代からの残影であろう。弥生の人たちは地中深くから湧き出る井戸の水に対して畏敬の念をもつとともに、時には洪水などで生命を危機に陥れる荒ぶる自然界の水に対して、「水神」信仰をもつようになったと考えている。

4　分村と墓

唐古・鍵ムラを中心に半径一・五キロほどの範囲に、短期間だけ営まれた弥生集落と墓地が存在する（図26・27）。唐古・鍵ムラ内では大規模な墓地や水田がみつかっていないことから、これらは唐古・鍵ムラと密接な関係にある遺跡といえる。唐古・鍵ムラの南六〇〇メートルに法貴寺斎宮前《ほうきじさいぐうまえ》遺跡と小阪榎木《こさかよのき》遺跡、小阪細長《ほそなが》遺跡、同じく一キロには阪手東《さかてひがし》遺跡が存在する。

法貴寺斎宮前遺跡　遺跡東半では弥生時代中期後半と後期から庄内期の集落遺構、西半では中期初頭から中ごろの方形周溝墓が検出されており、断続的に遺跡が営まれていた。この遺跡で注目されるのは、両手をあげるシャーマンと切妻建物・一本柱（?）寄棟建物が描かれた絵画土器である（**図44参照**）。切妻建物の棟端には唐古・鍵遺跡の建物絵画と同じように棟飾りが表現されている。また、一本柱（?）寄棟建物は屋根が大きく、部屋の部分がみえない屋根倉式建物で、柱が異様に長いことから居室や倉庫とするより祠《ほこら》的なものであろう。

小阪榎木遺跡・小阪細長遺跡　法貴寺斎宮前遺跡の西側に隣接する。弥生時代後期から庄内期の小規模な遺跡で後期の方形周溝墓と思われるL字状の溝、井戸、用水路状の溝が検出されている。遺跡は後期から庄内期にかけて墓域から居住域、そして生産域と展開し、後期以降に土地環境の変化が唐古・鍵遺跡周辺でおこったことを示している。

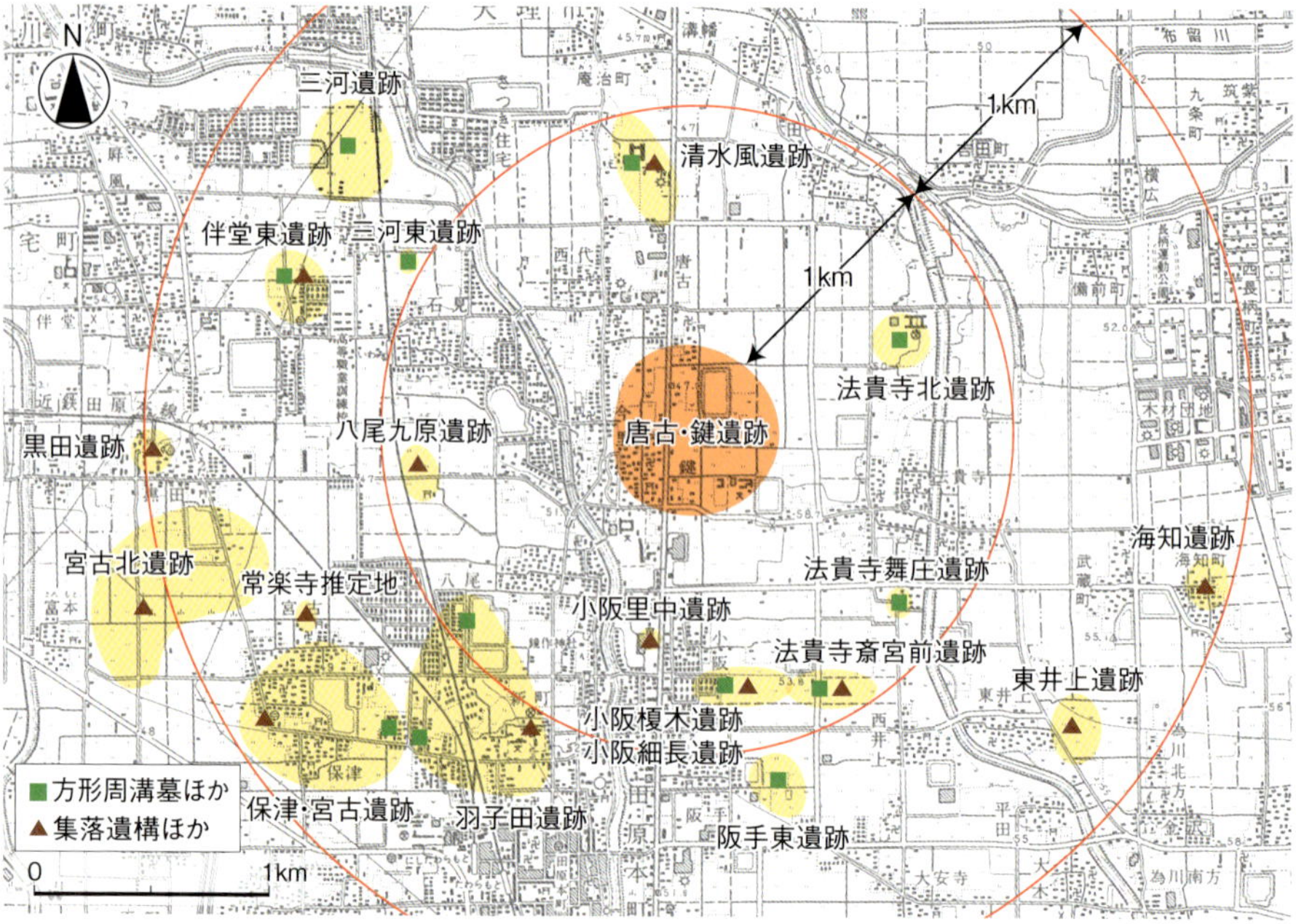

図26 ● 唐古・鍵遺跡周辺の遺跡
唐古・鍵ムラから2kmほどの範囲には、弥生時代中期から古墳時代前期にかけての小集落や墓がみつかっている。これらの集落は、拠点となる集落ではないことから唐古・鍵ムラの影響下にあったと推定される。

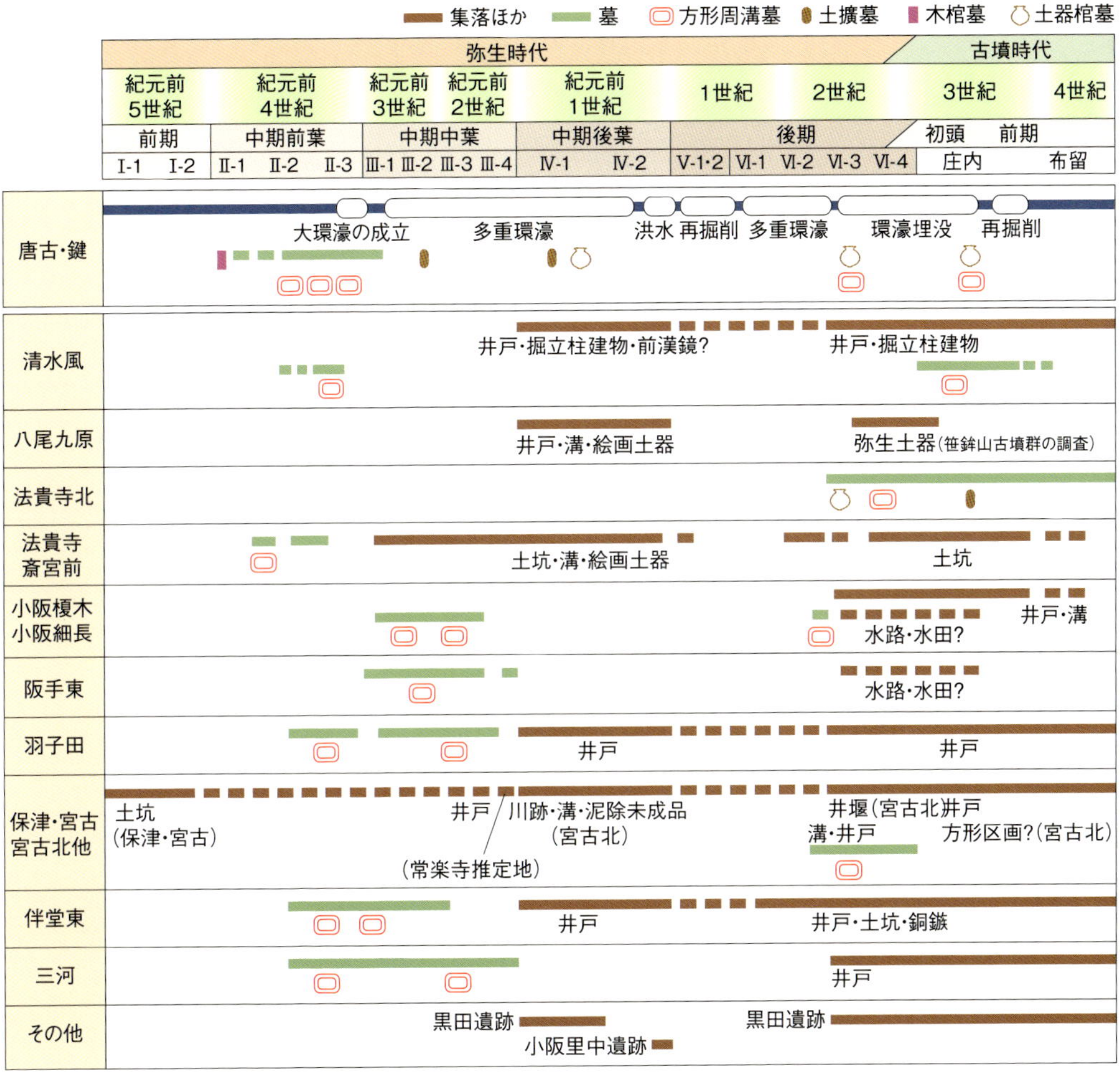

図 27 ● 唐古・鍵遺跡と周辺遺跡の変遷

唐古・鍵遺跡の周辺に展開する遺跡は、図26では同じようにみえるが、遺跡の内容は時期によって大きく異なる。唐古・鍵ムラが大環濠集落へと発展した弥生時代中期中ごろ、このムラの人口に相応するような墓域は、ムラの周囲にない。唐古・鍵ムラから河川や微低地を越えたところに墓域や水田を形成したと推定され、それらが上記の遺跡である。また、中期後半がもっとも人口がふえた時期とみられ、水田経営をおこなうようなムラや、清水風遺跡のような特別な性格のムラもつくられたとみられる。これに対し、弥生時代後期後半に展開する周辺の小集落は、唐古・鍵ムラが衰退する時期のものであり、ムラ解体にともない周辺に分散したと考えられる。

阪手東遺跡　法貴寺斎宮前遺跡からさらに南四〇〇メートルにある。調査では、弥生時代中期中ごろの方形周溝墓一六基と墓域を区画する溝がみつかった（**図28**）。これら方形周溝墓は削平を受けており主体部は残っていなかったが、七基の周溝墓から供献土器が出土している。もっとも規模の大きいものは一四×一一・八メートルである。これら方形周溝墓は弥生時代後期末から古墳時代前期には埋没し、その上に後期後半の畦畔状遺構や足跡、水路がみつかった。このことから、この遺跡は墓域から水田域へと変遷したとわかる。

羽子田《はごた》遺跡　唐古・鍵遺跡の南西八〇〇メートル～一・二キロに展開する集落と墓地の遺跡である。遺跡は時期ごとにその性格と位置を変えており、その結果、羽子田遺跡の範囲は広大なものになっている。集落としては、弥生時代中期後葉である。唐古・鍵遺跡から南南西に一キロでの調査地では井戸や土坑が検出され、遺物では建物を描いた絵画土器が出土している。その後一時断絶し、後期後半から古墳時代前期（布留式）には井戸や溝などが遺跡南部を中心に検出され、とくに庄内から布留式期の遺構が顕著で、唐古・鍵遺跡周辺ではもっとも大きな集落遺跡として発達した。一方、墓地は方形周

図28 ● **阪手東遺跡の方形周溝墓**（上が北）
唐古・鍵考古学ミュージアムがある田原本青垣生涯学習センター建築にともなう事前調査でみつかった遺跡。大規模な調査であったので、16基の方形周溝墓群をみつけることができた。

溝墓と推定されるものを含めると、中期初頭の方形周溝墓一基、中期中ごろの方形周溝墓四基が検出されている。

八尾九原遺跡《やおくはら》　唐古・鍵遺跡の西方八〇〇メートルに位置する小規模な集落遺跡である。中期後葉の土坑や溝、柱穴が検出されている。この遺跡で注目されるは、三点の絵画土器で、そのうち一点の大壺の胴部には独特な構造の建物が描かれている（図29）。独立棟持柱と下向きの渦巻き状の棟飾り、棟上にも斜線表現の飾りがつく特異な建物である。建物本体は高床で柱は五本以上あり、大型建物を描いたものであろう。この大型建物が八尾九原遺跡に存在したと推定するならば、この遺跡も単なる農村とはいえないかもしれない。

法貴寺北遺跡　唐古・鍵遺跡の東北東四〇〇メートルに位置する。弥生時代後期の方形周溝墓二基と壺棺墓三基が検出された。方形周溝墓は一辺約一〇メートルと約八〜九メートルの規模のもので、周溝内からは供献土器が出土している。注目されるのは、高さ六〇センチの二重口縁壺の中から鉄鏃一点が出土していることで、後期段階の土器棺の副葬品としては類例が少ない。

このように唐古・鍵ムラの周辺には、分村と考えられる小規模な集落が中期後半と後期後半に展開し、また、墓地としては中期初頭から中期中ごろにつくられた。ただし、中期後半の集落は人口増、後期後半の集落は唐古・鍵ムラ解体にともなうもので、分村成立の背景はまったく異なるものだと考えている。

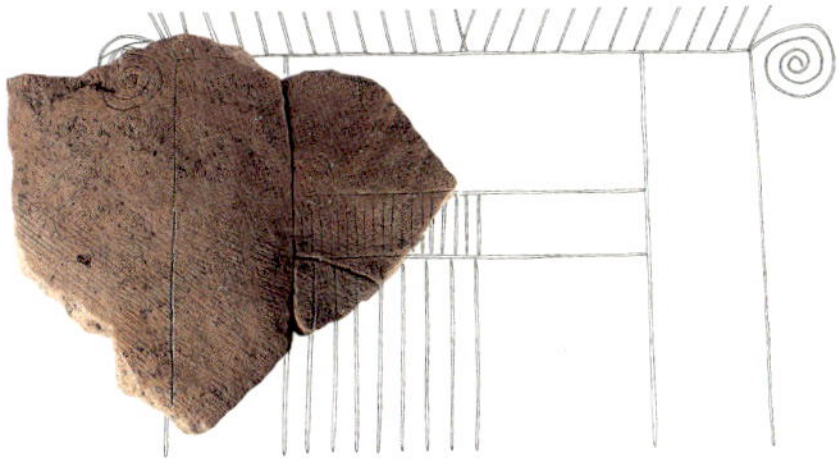

図29 • 八尾九原遺跡出土の大型建物絵画

第3章　拠点集落の生産力

唐古・鍵ムラでは、生活用具や生業にかかわる道具など基本的なものの大半は集落内で生産した。土器・土製品、木器・木製品、石器・石製品、骨角牙製品、布・編組製品、ガラス・青銅製品などである。土器製作の粘土や木材となる広葉樹材は周辺で調達できるにしても、そのほかの原材は、すべて他地域から調達する必要があった。唐古・鍵ムラには「人」や「物」を動かし、その調達を可能にするだけの情報収集力・組織力があったと考えられる。だからこそ、地域の拠点集落として役割が果たせたといえよう。拠点集落の実力のひとつは、「もの」の生産力で測れるのではないだろうか。

1　土器・土製品の生産と交流

唐古・鍵遺跡でもっとも多く出土するのが土器である。弥生遺跡において土器づくりの実態を示す遺物は少ないが、唐古・鍵遺跡ではその道具である「叩《たた》き板」や製作途中で失敗し壊した欠片を焼成したものが出土しており、ムラ内で土器づくりをおこなっていたことがわかる。とくに後者は、稀有な資料である。握りつぶされた弥生時代中期の細頸壺や弥生時代後期の壺口縁部と思われる破片があり、当時の人たちの土器づくり失敗の一コマを垣間見ることができる。

唐古・鍵ムラでは、定住した段階から営々と土器づくりをおこない、消費した。集落が数百年つづいたとはいえ、その量は膨大である。集落の居住区内の発掘調査では、一平方メートルあたり遺物箱で二箱ほど出土する。その大半は土器だ。極端に言えば、集落内部は土器塚状態で、土器片によって高まりになっていったといえる。土器をつくるための粘土には、不自由しなかったであろう。集落を維持管理するため、常に環濠や井戸など地中深く掘っており、良質とはいえないが、粘土は豊富にあった。

考古学にとって土器は、年代の物差しとして有効である。とくに唐古・鍵遺跡の場合、集落が継続し、井戸などから良好な一括資料が得られるから、その資料価値は高い。前述したように唐古池の発掘調査により「唐古様式」が設定されたわけであるが、現在ではその後の調査資料や奈良県のほかの遺跡資料も加え、新たな土器編年として大和地域に汎用できる「大和第Ⅰ－1－a様式」〜「大和第Ⅵ－4様式」までの二一細分の編年ができあがっている。このよう

図30 ● 土器製作に使われた叩き板（左）**と製作に失敗した土器**（右）
叩き板は、長さ30 cmの羽子板状で、叩き面には細い溝が彫られており、土器面との圧着を強くするとともに土器表面には叩き痕跡が残る。右は広口壺の口縁部の破片で、ねじ曲がった状態で焼成された。

な土器編年の構築は、唐古・鍵遺跡の調査資料があってのことである。

広域交流を示す土器

唐古・鍵遺跡には、海産物であるアカニシ貝や鯛、鯖など魚介類の食料、クジラの骨の紡錘車、装身具の玉類、各種石器素材、威信財などさまざまなものが運ばれてきているが、それらのなかで、もっとも目につくのが土器である。日常的に使う土器は、その大半がそれぞれのムラで製作されていると考えられており、土器の色や製作技法、形、文様などは、おおよそ「大和」や「河内」などのように旧国単位ぐらいの範囲で個性をもっている。このため、唐古・鍵ムラで製作された土器と異なる他地域から運ばれてきた土器を容易に識別できる（図31）。

東の土器は遠江（静岡県）や信濃地域（長野県）、西は北部九州で、その範囲は七〇〇キロにおよぶ。時期ごとにみると、弥生時代中期前半（紀元前四〜紀元前二世紀）までは三河や尾張地域（愛知県）の東方の土器、中期後半から後期初頭（紀元前一〜紀元後一世紀）では吉備（岡山県）・播磨（兵庫県）など西方の瀬戸内地域の土器が多い。また、近畿地方の河内・摂津（大阪南部・北部）や近江（滋賀県）・紀伊（和歌山県）などの土器は恒常的にみられる。このことは、時期ごとに唐古・鍵ムラの人たちが求める物資や情報、地域のつながりなどが変化していったことを示しているのであろう。これらの土器は、なんらかの物資を蓄えた容器として、また移住や婚姻で家財道具としてもってきたなど、さまざまなものがあったであろう。

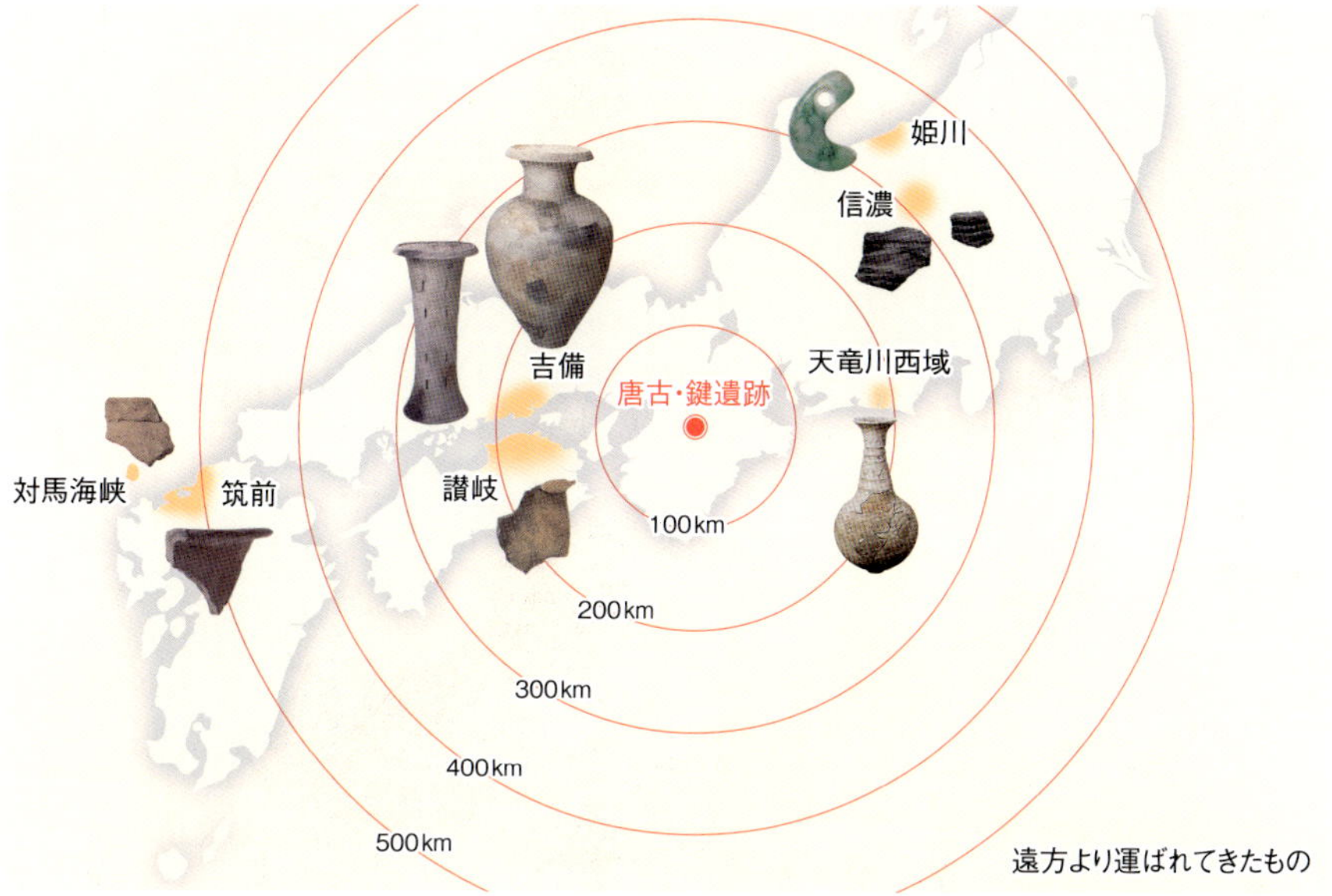

図31 ● 各地から唐古・鍵遺跡へ運ばれてきた土器
唐古・鍵遺跡から出土する各地の土器は破片で出土するものが大半であるが、完全な形の土器も少なからず存在する。それらの土器は、井戸に供献されているものである。

吉備とのかかわり

唐古・鍵遺跡の搬入土器で注目されるのが、唐古・鍵遺跡から半径二〇〇キロ以上離れた地域(吉備から西方地域、尾張から東方地域)の土器である。このような遠隔地からの土器がみられる拠点集落は少なく、唐古・鍵ムラまでの流通ルート、すなわち弥生集落ネットワークが確立されていたということを物語っている。物と情報が唐古・鍵ムラに集結するのである。

そのような搬入土器のなかで注目されるのが、吉備の大形壺と大形器台である(**図32**)。壺は集落北西部の環濠から、器台は集落北部の井戸から出土した。環濠と井戸は約二三〇メートル離れ、また二つの遺構の時期は大和第Ⅳ-2様式(紀元前一世紀)と大和第Ⅴ-1様式(一世紀)と異なる。しかし、この二つの土器は乳白色を呈し、口縁部には連続渦文、壺頸部と器台本体に凹線文をめぐらすもので、胎土や文様からみて同じ所でつ

図32 ● 吉備の大形壺(右)**と大形器台**(左)
壺:高さ83cm、器台:高さ73cm。

くられ、弥生時代中期末にいっしょに運ばれてきたのではないかと推測している。

この土器の大きさは、日常的に使う土器の大きさではなく、壺と器台一組の供献用土器として唐古・鍵ムラに運ばれてきたのでないか。このような土器は、数多く出土している唐古・鍵遺跡の搬入土器のなかでも、特殊なものとして位置づけてよい。弥生時代中期末において、唐古・鍵ムラと吉備地域の関係、すなわち、物でなく祭祀面での強い関係を示す重要な遺物になろう。

2　木器・木製品の生産

木器貯蔵穴

唐古・鍵遺跡では、多量の木器・木製品の未成品が出土しており、大半の木製品は自給していたと考えられる。原木の伐採、ムラへの搬入、原材から製品化までの工程管理、それらにともなう道具や人材の確保などさまざまな要件が必要であり、弥生時代には地域の中心的なムラが実行していた。当然ながら、唐古・鍵ムラではそれを示すような「木器貯蔵穴」や製作途上の木製品、工具である各種石斧が出土している。

図33 ● 南地区でみつかった木器貯蔵穴
長軸4.4ｍ、短軸３ｍ、深さ１ｍほどの穴底から出土した。
一木鋤の未成品２本と広鍬などの未成品が残されていた。

木器貯蔵穴とは、一辺が二〜三メートル、深さ一・五メートルほどの長方形の穴で、製作する木製品の原材や製作途中品を水漬けしておくための穴である。カシ材などは非常に堅く、水漬けすることにより木に水分が含まれやわらかくなり加工しやすくなるのである。このような穴には不要になったためか、あるいは忘却された製作途中の鍬《くわ》や鋤《すき》、容器などの未成品が残置されている場合があり、それらの製作工程の復元に役立っている。群在する木器貯蔵穴と残置された各種段階の未成品の数からして、木製品の製品化には数年単位の月日を要しながら製作されたと考えられる。

このような木器貯蔵穴は、弥生時代前期（紀元前五〜紀元前四世紀）の西地区や北地区で群在する傾向がみられることから、その近くに木器生産工房が想定されよう。

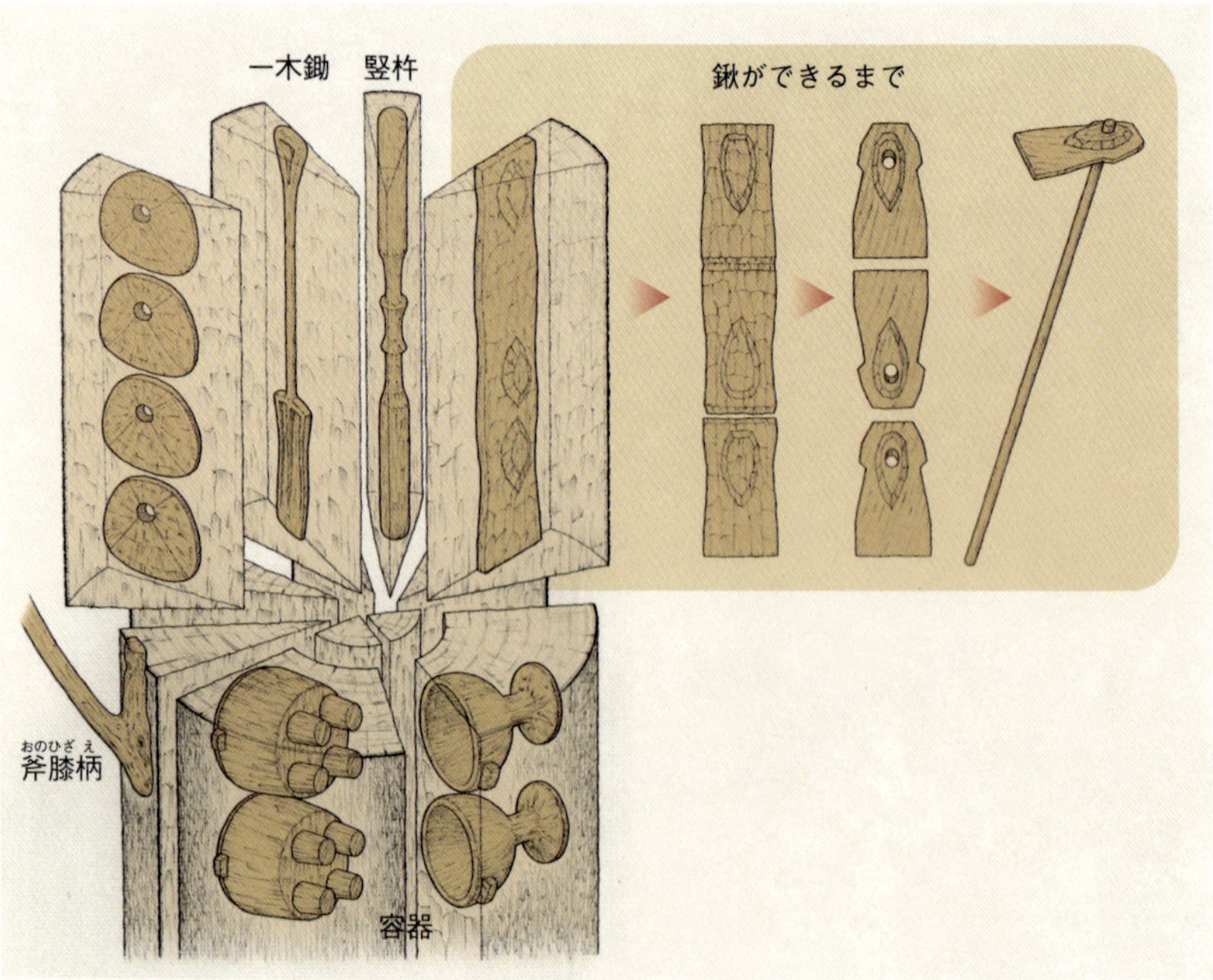

図34 ● 木製品の製作工程
鍬の刃や泥除けは、数個を連結させた状態で効率よく製作した。

POST CARD

恐れいりますが
切手をお貼り
ください

113-0033

東京都文京区本郷
2 - 5 -12
新泉社

読者カード係 行

ふりがな		年齢	歳
お名前		性別	女 ・ 男
		職業	
ご住所	〒 都道府県 区市郡		
お電話番号	– –		

◉アンケートにご協力ください

・ご購入書籍名

・本書を何でお知りになりましたか

□書　店　　□知人からの紹介　　□その他（　　　　　　　　　　）

□広告・書評（新聞・雑誌名：　　　　　　　　　　）

・本書のご購入先　　□書　店　　□インターネット　　□その他

（書店名等：　　　　　　　　　　）

・本書の感想をお聞かせください

＊ご協力ありがとうございました。このカードの情報は出版企画の参考資料、また小社からの新刊案内等の目的以外には一切使用いたしません。

◉ご注文書（小社より直送する場合は送料1回290円がかかります）

書　名	冊　数

さまざまな木製品

木製品の製作工程を見ると、まず伐採した長い原木に楔《くさび》などを打ち込み、「ミカン割り」にした原材をさらに手斧で削いで板材にする。そして、一枚の板材に、鍬の場合、二つから四つほどの鍬の刃をつくり出して製作するという、一枚の板材から効率よく製品がつくれる工程が組まれている（図34）。

このほか、円柱状を呈する高杯《たかつき》などでは、轆轤《ろくろ》使用を思わせる回転の中心痕がみられるものがある。さらには杯部と脚部を枘《ほぞ》で結合する細工など弥生時代の高度な木工技術もみてとれる。このように木製品の製作技術は完成しており、その生産も組織的かつ計画的であったと考えられる。

唐古・鍵遺跡の木製品を調べると、広葉樹が全体の四分の三を占めており、原木の調達地は唐古・鍵遺跡周辺であったことを示している。さらにくわしくみると、木製品と樹種選択が明確である。高杯や匙《さじ》、杓子《しゃくし》の食膳具はヤマグワやケヤキ、鍬や鋤、杵《きね》の農具類は堅く頑丈なイチイガシ、弓

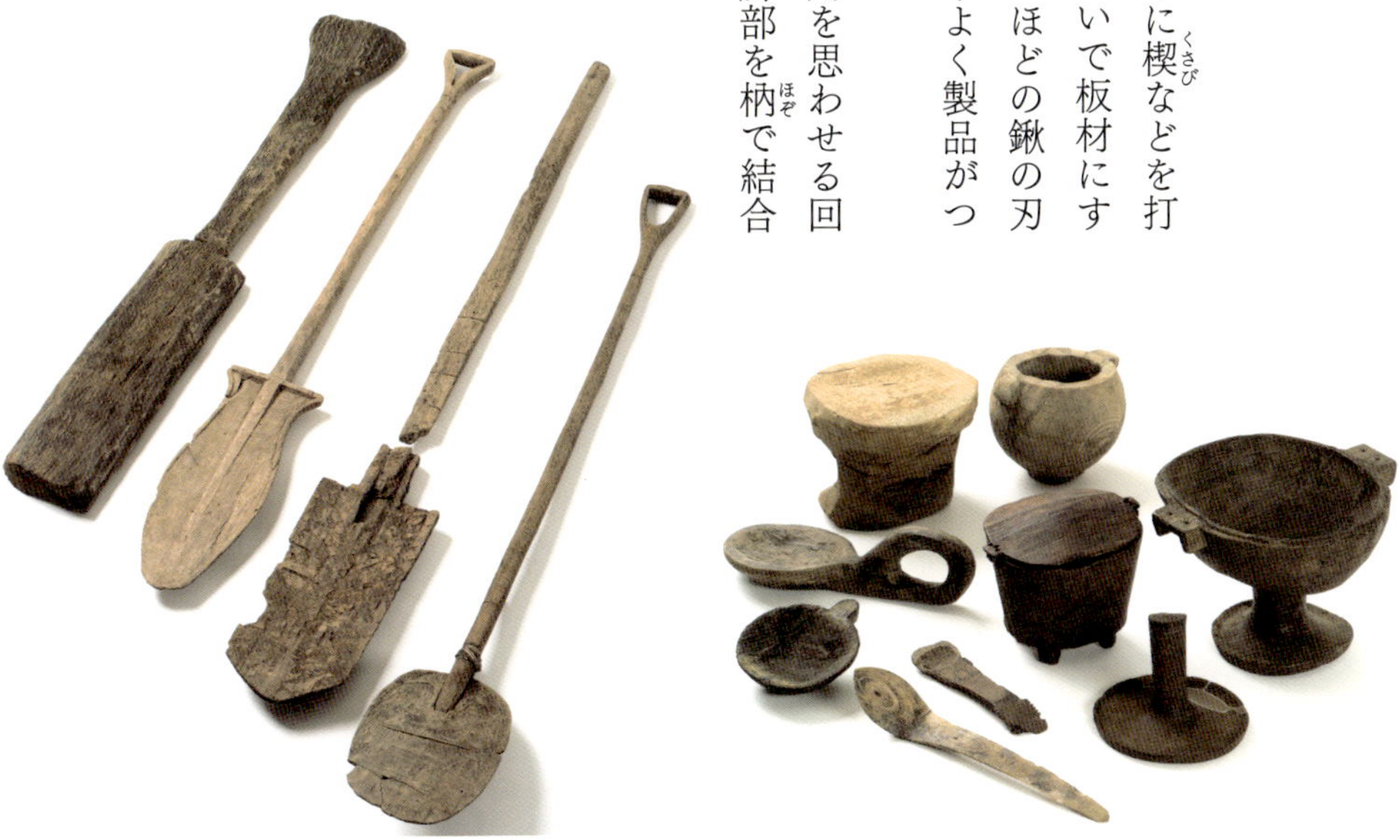

図35 ● 農具や容器の未成品と製品
左は一木鋤・着柄鋤の未成品と製品、右は左手前から後方に匙・杓子・高杯・壺の未成品、右手前に高杯と合子の製品がある。

はイヌガヤ、盾《たて》はモミというように、木製品の用途や目的に応じた適材の選択がなされている。そこには、唐古・鍵ムラの人たちが木の特徴を理解しながら、ムラ周辺の資源を無駄なく利用した実態がみてとれ、木の文化である日本の基盤がすでに形づくられていたといえるだろう。

多量の未成品

唐古・鍵遺跡の弥生時代前期段階の木器生産は、奈良盆地内で突出した存在として評価されてよい。中期段階になると、木器生産は前期段階より低調になって、広範な地域にまで製品はおよんではいないようである。

ところが、弥生時代後期初頭の木器生産は再び注目される状況となる。集落南東部の環濠底で鋤や泥除《どろよけ》などの農具未成品が貯木されているのがみつかり（図36）、また、この環濠の延長にあたる南西七〇メートル地点で実施した調査でも多量の木製農具未成品が環濠底からみつかった。これら木製品は七〇メートルも離れているにもかかわらず一連の状況であり、すでに環濠からとり出され、製品化されたものも多くあるとすると、その鋤や鍬、泥除けの数は一〇〇を超える膨大な数量を見込むことになる。

図36 ● 環濠に貯木された農具未成品
ムラの南東部の再掘削された環濠底に一本鋤や2連の泥除（右端）、平鍬や曲柄平鍬（左端）、3連の泥除2点、田網枠などの未成品が貯木されていた。

これは、日常的な使用による欠損分を補うような数ではなく、組織的・計画的な管理のもと、農具や土木具製作が進められたのであろう。後期初頭に多量の農具や土木具を必要とする状況があり、私はその原因を中期末の洪水にあるのでないかとみている。この洪水は唐古・鍵ムラの環濠等を埋没させたもので、集落の南東から西部まで洪水砂がおおった。この災害は唐古・鍵ムラだけでなく、周辺地域のムラや水田まで広範囲に被害をもたらしたとみてよい。それが原因で水田の再開墾が急務になり、これだけの農具・土木具が必要になったと思われる。唐古・鍵ムラだけでなく、周辺地域の人たちが使用する分も必要で、唐古・鍵ムラが中心になって製作したのであろう。それがムラの南側の環濠ちかくでおこなわれていたことを考えると、ムラの南東側から南方地域を支援するものであった可能性がある。

3　石器・石製品の生産

唐古・鍵遺跡から南方には、大和三山とその背景に吉野山山系が、西方には二つこぶの二上《にじょう》山《さん》がみえる。万葉歌にも詠まれる耳成山《みみなしやま》、吉野山山系から流れる吉野川（紀ノ川）、二上山は歴史的ロマンを感じさせる存在だが、弥生時代の人たちにとっては、石材を採取する重要な資源の山や川だった。耳成山では流紋岩、紀ノ川では結晶片岩、二上山北麓ではサヌカイトが採取でき、弥生時代の道具・武器の主要な素材になった。

耳成山の流紋岩と紀ノ川の結晶片岩

唐古・鍵遺跡から南六キロにある耳成山は、今も気軽に登れる標高一四〇メートルの小山で、登り道の崖のあちこちには白い石が露頭している。この石は、耳成山がかつて火山であったときにできた「流紋岩」で、少し硬いが扁平に割れやすい。唐古・鍵の地を開拓した最初の弥生人たちは、稲の穂首を摘む石庖丁《いしぼうちょう》の素材として、この石を採用した。

唐古・鍵ムラには、重さ一〇キロほどの人頭大の原石が運ばれており、発掘調査では、この流紋岩の原石・石庖丁の各段階の未成品、石屑が多量に出土している。とくに西地区南部の調査では、遺物箱六箱分の流紋岩原石・剥片がまとまって出土しており、他の地区にはみられない集積状況である。そして、この調査地付近の調査でも流紋岩原石等が出土していることから、集落南部に流紋岩を運び入れ集積させた所があったのだろう。流紋岩は硬く、薄く割るのはむずかしい。また砥石で磨くのも大変で、手のひらサイズにおさまる薄い石庖丁をつくるのは手間がかかる。

図37 ● 流紋岩（上）と結晶片岩（下）の原石と石庖丁の製作工程
人頭大の流紋岩原石は、西地区南部とこの地点から50 m離れた南地区でしかみつかっていない。集積場所はムラ南部に限られていた可能性がある。

シリーズ「遺跡を学ぶ」 第1ステージ〈100巻＋別冊4〉完結！ A5判96頁・オールカラー／各1500円＋税

◎第Ⅰ期［全31冊］ セット函入46500円＋税

01 北辺の海の民 モヨロ貝塚 米村 衛
02 天下布武の城 安土城 木戸雅寿
03 古墳時代の地域社会復元 三ツ寺Ⅰ遺跡 若狭 徹
04 原始集落を掘る 尖石遺跡 勅使河原 彰
05 世界をリードした磁器窯 肥前窯 大橋康二
06 五千年におよぶムラ 平出遺跡 小林康男
07 豊饒の海の縄文文化 曽畑貝塚 木﨑康弘
08 未盗掘石室の発見 雪野山古墳 佐々木憲一
09 氷河期を生き抜いた狩人 矢出川遺跡 堤 隆
10 描かれた黄泉の世界 王塚古墳 柳沢一男
11 江戸のミクロコスモス 加賀藩江戸屋敷 追川吉生
12 北の黒曜石の道 白滝遺跡群 木村英明
13 古代祭祀とシルクロードの終着地 沖ノ島 弓場紀知
14 黒潮を渡った黒曜石 見高段間遺跡 池谷信之
15 縄文のイエとムラの風景 御所野遺跡 高田和徳
16 鉄剣銘一一五文字の謎に迫る 埼玉古墳群 高橋一夫
17 石にこめた縄文人の祈り 大湯環状列石 秋元信夫
18 土器製塩の島 喜兵衛島製塩遺跡と古墳 近藤義郎
19 縄文の社会構造をのぞく 姥山貝塚 堀越正行
20 大仏造立の都 紫香楽宮 小笠原好彦
21 律令国家の対蝦夷政策 相馬の製鉄遺跡群 飯村 均
22 筑紫政権からヤマト政権へ 豊前石塚山古墳 長嶺正秀
23 弥生実年代と都市論のゆくえ 池上曽根遺跡 秋山浩三
24 最古の王墓 吉武高木遺跡 常松幹雄
25 石槍革命 八風山遺跡群 須藤隆司
26 大和葛城の大古墳群 馬見古墳群 河上邦彦
27 南九州に栄えた縄文文化 上野原遺跡 新東晃一
28 泉北丘陵に広がる須恵器窯 陶邑遺跡群 中村 浩
29 東北古墳研究の原点 会津大塚山古墳 辻 秀人
30 赤城山麓の三万年前のムラ 下触牛伏遺跡 小菅将夫
別冊1 黒耀石の原産地を探る 鷹山遺跡群 黒耀石体験ミュージアム

◎第Ⅱ期［全20冊］ セット函入30000円＋税

31 日本考古学の原点 大森貝塚 加藤 緑
32 斑鳩に眠る二人の貴公子 藤ノ木古墳 前園実知雄

第2ステージ〈101～200巻〉好評刊行中！

◎第Ⅰ期（通算Ⅴ期）〈101～125巻〉25冊完結

A5判96頁・オールカラー／各1600円＋税

函入揃い40000円＋税

101 北のつわものの都 平泉 八重樫忠郎
102 古代国家形成の舞台 飛鳥宮 鶴見泰寿
103 黄泉の国の光景 葉佐池古墳 栗田茂敏
104 島に生きた旧石器人 沖縄の洞穴遺跡と人骨化石 山崎真治
105 古市古墳群の解明へ 盾塚・鞍塚・珠金塚古墳 田中晋作
106 南相馬に躍動する古代の郡役所 泉官衙遺跡 藤木 海
107 琵琶湖に眠る縄文文化 粟津湖底遺跡 瀬口眞司
108 北近畿の弥生王墓 大風呂南墳墓 肥後弘幸
109 最後の前方後円墳 龍角寺浅間山古墳 白井久美子
110 諏訪湖底の狩人たち 曽根遺跡 三上徹也
111 日本海を望む「倭の国邑」 妻木晩田遺跡 濵田竜彦
112 平城京を飾った瓦 奈良山瓦窯群 石井清司
113 縄文のタイムカプセル 鳥浜貝塚 田中祐二
114 九州の銅鐸工房 安永田遺跡 藤瀬禎博
115 邪馬台国時代のクニの都 吉野ヶ里遺跡 七田忠昭
116 よみがえる金堂壁画 上淀廃寺 中原 斉
117 船形埴輪と古代の喪葬 宝塚一号墳 穂積裕昌
118 海に生きた弥生人 三浦半島の海蝕洞穴遺跡 中村 勉
119 東アジアに翔る上毛野の首長 綿貫観音山古墳 大塚初重・梅澤重昭
120 国宝土偶「仮面の女神」の復元 中ッ原遺跡 守矢昌文
121 古墳時代の南九州の雄 西都原古墳群 東 憲章
122 石鍋が語る中世 ホゲット石鍋製作遺跡 松尾秀昭
123 出雲王と四隅突出型墳丘墓 西谷墳墓群 渡辺貞幸
124 国宝「火焔型土器」の世界 笹山遺跡 石原正敏
125 徳島の土製仮面と巨大銅鐸のムラ 矢野遺跡 氏家敏之

◎第2ステージ第Ⅱ期〈126～150巻〉スタート

126 紀国造家の実像をさぐる 岩橋千塚古墳群 丹野拓・米田文孝
127 古代地方木簡のパイオニア 伊場遺跡 鈴木敏則
128 縄文の女性シャーマン カリンバ遺跡 木村英明・上屋眞一
129 日本海側最大級の縄文貝塚 小竹貝塚 町田賢一
130 邪馬台国時代の東海の王 東之宮古墳 赤塚次郎
邪馬台国と狗奴国が争っていた時代、濃尾平野を見渡す山頂の前方後方墳に葬られた王。副葬された鏡などが英雄の登場を語る。
131 平安末期の広大な浄土世界 鳥羽離宮跡 鈴木久男
権力を握った白河、鳥羽上皇が、京都市の南につくった広大なこの世の浄土世界。当時の日記などに登場する宮殿の姿にせまる。

文化財保存全国協議会 編
文化財保存70年の歴史
明日への文化遺産
ISBN978-4-7877-1707-8

平城宮跡・池上曽根遺跡・伊場遺跡等々、戦後経済発展のもとで、破壊され消滅した遺跡、守り保存された遺跡の貴重な記録。戦後70年、これまで遺跡がたどってきた歴史を検証し、文化遺産のこれからを考える。

A5判上製／392頁／3800円＋税

勅使河原 彰 著
縄文時代史
ISBN978-4-7877-1605-7

激変する自然環境のなかで、縄文人はどのように自然と折り合いをつけて独自の縄文文化を築き上げたのか。最新の発掘と科学研究の成果をとりいれて、縄文時代のはじまりから終焉までを描く。図版・写真多数収録。

四六判上製／336頁／2800円＋税

井口直司 著
縄文土器ガイドブック
縄文土器の世界
ISBN978-4-7877-1214-1

私たちの心の奥底をゆさぶる縄文土器の造形。しかし、博物館や解説書で「○○式」「△△文」といった暗号のような説明を読むと、熱がさめていく……。考古学による土器の見方、縄文時代のとらえ方をじっくり解説。

A5判／200頁／2200円＋税

三上徹也 著
縄文土偶ガイドブック
縄文土偶の世界
ISBN978-4-7877-1316-2

土偶の姿はあまりにも多様。国宝に指定された素晴らしい土偶があるかと思えば、粗末な作りでバラバラに壊れ破片となったものもたくさんある。縄文人は何のために土偶を作り、どのように用いていたのだろうか。

A5判／212頁／2200円＋税

小林謙一・工藤雄一郎・国立歴史民俗博物館 編
増補 縄文はいつから!?
地球環境の変動と縄文文化
ISBN978-4-7877-1213-4

10万年に一度の気候大変動のなかで、ヒトは土器を発明し、弓矢をもち、定住をはじめた。縄文時代の幕があがる。今につづく生活様式の基盤、縄文文化のはじまりを問う、歴博で行われたシンポジウムを書籍化。

A5判／260頁／2400円＋税

工藤雄一郎 著
旧石器・縄文時代の環境文化史
高精度放射性炭素年代測定と考古学
ISBN978-4-7877-1203-5

最終氷期から後氷期にかけて、旧石器時代人、縄文時代人はどのように生きてきたのか。最新の放射性炭素年代測定の成果を通じ、その変化を読み解く。列島各地の縄文土器の年代測定値などデータを豊富に収録。

B5判上製／376頁／9000円＋税

工藤雄一郎・国立歴史民俗博物館 編
ここまでわかった！
縄文人の植物利用
ISBN978-4-7877-1317-9

マメ類を栽培し、クリやウルシ林を育てる……狩猟採集生活をおくっていたとされる縄文人が、想像以上に植物の生育環境に積極的に働きかけ、貴重な資源を管理していたことがわかってきた。カラー写真・図版で解説。

A5判／228頁／2500円＋税

工藤雄一郎・国立歴史民俗博物館 編
さらにわかった！
縄文人の植物利用
ISBN978-4-7877-1702-3

好評「縄文人の植物利用」第2弾。鳥浜貝塚の縄文時代草創期～前期の資料の調査からわかってきた植物利用の初源の姿を紹介するとともに、東名遺跡などで大量に出土した「カゴ」から、縄文人のカゴ作りを解明する。

A5判／216頁／2500円＋税

設楽博己 編著
十二支になった
動物たちの考古学
ISBN978-4-7877-1508-1

人は動物たちとどのようにかかわり、また何を託してきたのか。新進気鋭の研究者たちが、最新の動物考古学の成果をもとに、深くて、意外で、ユニークな人と十二支の動物たちのつながりを語る。写真図版多数収録。

A5判／200頁／2300円＋税

辰巳和弘 著
他界へ翔る船
「黄泉の国」の考古学
ISBN978-4-7877-1102-1

船形をした木棺や埴輪、墓室に描かれた船画、円筒埴輪に刻まれた船……船は霊魂を黄泉の国へといざなう。人々は魂の行方をどこに求めたのか。考古学が傍観してきた「こころ」を探り、古代人の他界観を追究する。

A5判上製／352頁／3500円＋税

このため弥生時代中期になると、効率のよい石材として和歌山県の紀ノ川で採れる「結晶片岩」が採用されるようになる。この石材は加工しやすく、粗割りしたものが唐古・鍵ムラに運ばれた。出土する石庖丁の未成品は、各段階のものがあるが、粗割りのものはそれほどなく、多くは大きさ二〇センチほどでかなり加工が進んだものだ。この緑色をした結晶片岩は、奈良・大阪南部各地の拠点集落に運ばれ、石庖丁が使われなくなるまで流通した。

二上山のサヌカイト

一方、打製石器の素材は、硬く鋭利に割れる二上山北麓のサヌカイトが使われている。この黒い安山岩は、火山活動でできた火成岩の一種で、石鏃《せきぞく》や石剣《せっけん》、石錐《いしきり》など武器や工具の素材となった。二上山北麓のサヌカイトは、人類がまだ土器を知らない二万五〇〇〇年前から鉄器が導入される二〇〇〇年前ぐらいまで営々と用いられた

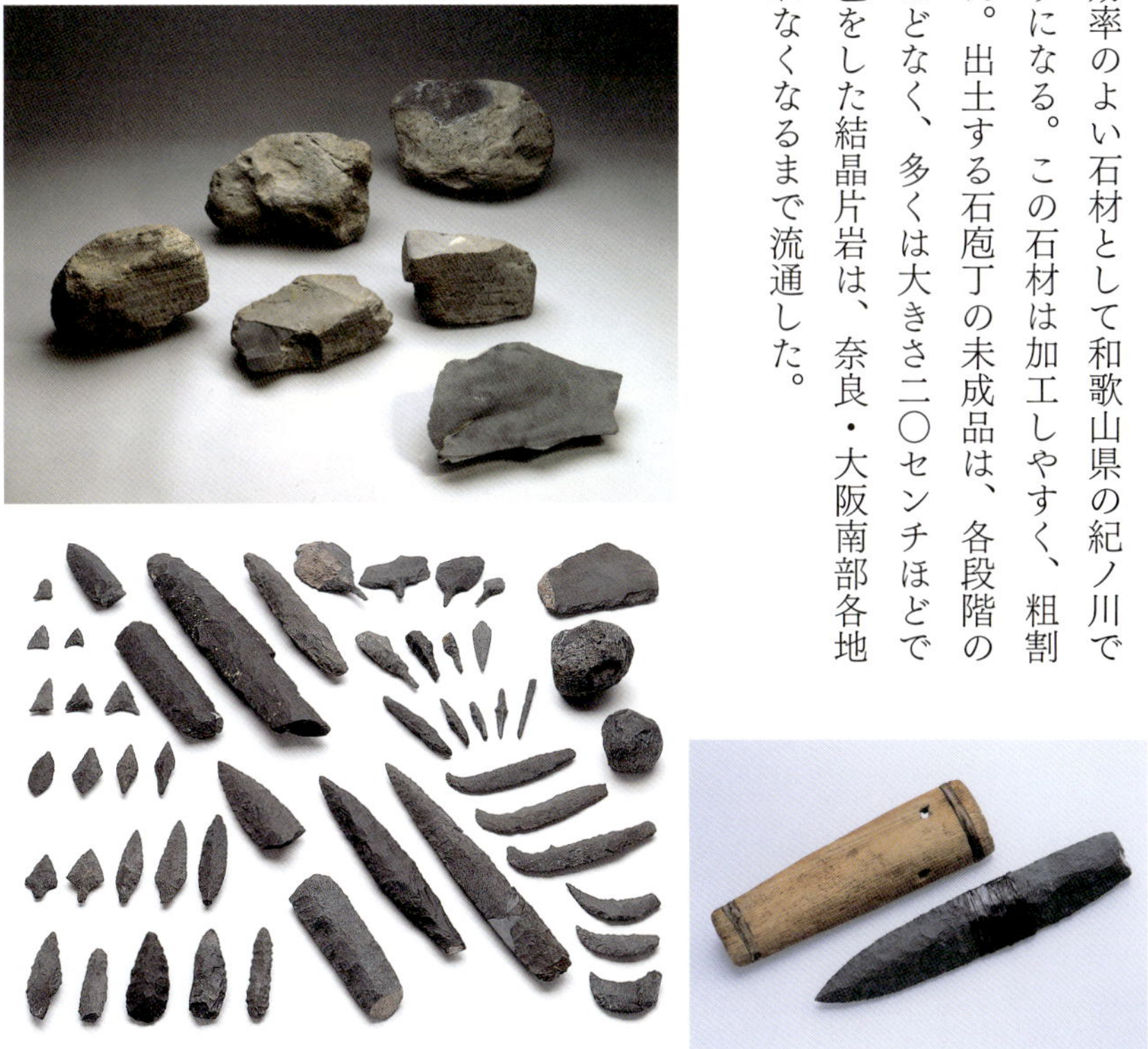

図38 ● サヌカイト原石と製作された各種製品
サヌカイト製品は石器類の中でもっとも多く、製作された道具類も多様である。本来は鞘入り石剣のように木製の鞘に納めたものや工具では木製柄などと組み合わせて使われた。

優秀な石材である。唐古・鍵ムラの人たちもこの石材を入手し、多量の石器をつくった。唐古池の南側堤防の調査では、なんらかの理由で使われず忘れられてしまったサヌカイト原石六個がまとまって出土している（図38上）。大形のものは、人頭大で重さ約一〇キロ、その一部は小さく割れており、試し割りをして良材かどうかを判別したようだ。

また、サヌカイトを加工する際にでる二、三ミリから二〇ミリほどの細片がまとまってみつかることがある。集落内の各所で小ピットに埋められてみつかるので、各地区で最終工程の石器製作をしていたことは明らかである。しかしながら、集落全体を見渡せば、北地区あるいは、北地区にちかい西地区北部に石器製作の痕跡を多くみいだせる。それは、前述のサヌカイト原石の集積地があることや、極小からやや大形の剝片・未成品・失敗品がまとまって棄てられた土坑がみつかるからである。このように、集落内の各地区で石器生産をおこなっているとしても、突出した地区があることは見逃せない。

4　布・編み物製品の生産

東アジア南方にみられる輪状機

布を織る技術（機織《はたお》り）は、大陸から伝えられた新しい技術である。縄文時代には、「編む」ことによる編布《あんぎん》のようなものがつくられたが、弥生時代には「織る」ことによって緻密な布をつくった。唐古・鍵遺跡からも、機織りに関係するたくさんの遺物が出土しており、とくに植物繊維に撚《よ》りをかけて糸にするための紡錘車《ぼうすいしゃ》の紡輪《ぼうりん》（紡錘車は、回転軸とそれにはめ込む円盤状の弾み車からなるが、この弾み車を「紡輪」という）が多数出土している。紡輪には鯨骨製や鹿角製、石製、木製などさまざまな材質のものがある。大きさや重量も異なり、糸に撚りをかける回転力が異なることから、太さの違ういろいろな糸がつくられたと考えられる。

このほか、糸巻きや機の部品である布送具《ぬのおくりぐ》（従来は布巻具としていたもの）、緯打具《よこうちぐ》、布を縫うための骨針など、糸・布の製作から裁縫までの一連の品々がそろっている。東村純子は、これまで推定されていた布巻具を布送具とし、直状に経糸《たていと》を張る東アジア北方の直状式の原始機ではなく、南方にみられる輪状式であるという重要な指摘をした。すなわち、布送具は輪状の経を挟み、織手の腰に固定し、一方は経送具《たておくりぐ》を足で突っ張る原始機を復元した（図39下）。これにより、布幅は織り手の腰幅、布の長

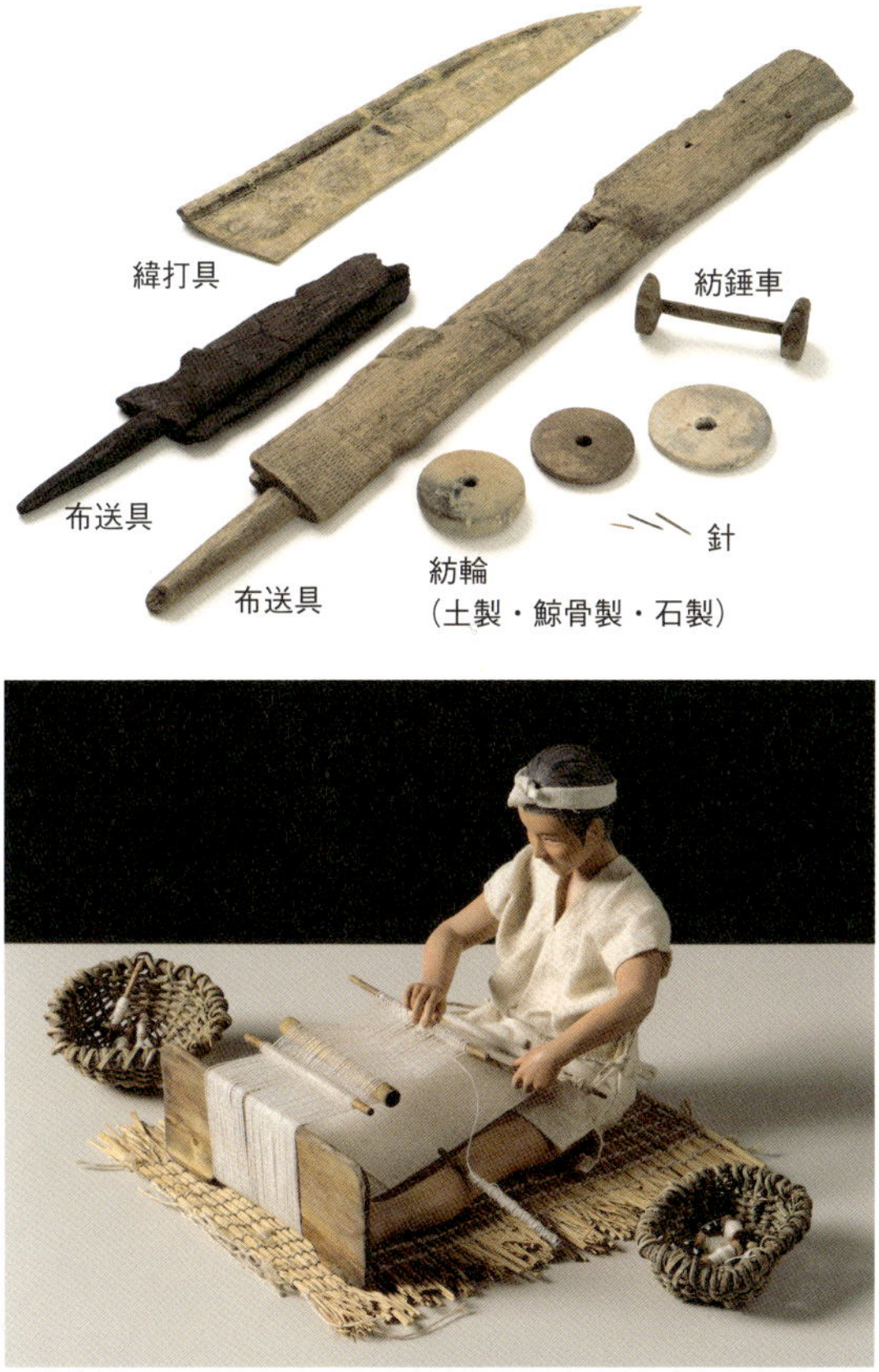

図39 ● 機織り道具（上）**と機織り再現模型**（下）
紡輪は多数出土しているが、機の部品は少ない。
緯打具・布送具は北西部の環濠から出土した。

さは織り手の足の長さの二倍になる。

みつかった布切れ

唐古・鍵遺跡の調査では、弥生時代中期初頭（紀元前四世紀後半）の布切れがみつかっている。黒く炭化しており、本来どのような色合いの布であったのかはわからない。しかし、この布切れを分析した布《ぬの》目《め》順《じゅん》郎《ろう》は、「大麻製で縑《かとり》（織糸に二本の糸をさらにあわせて撚りをかけた併糸《あわせいと》を用いて織った目のつまった平絹）と同じ糸構造と絹に近い細密さを具えた第一級品の布」であるとみた。紬《つむぎ》や絁《ふときぬ》などとは異なる高級品で類例がなく、その織り方から大陸製品の可能性も指摘した。

唐古・鍵遺跡のように機織り関係の遺物がそろう遺跡は少なく、また、多量の紡輪から機織り製品は自給的な生活品以外の交流物品になっていた可能性が高い。

編み物

一方、低湿地遺跡のため、編み物も残存することが多く、笊《ざる》や箕《み》などが出土している。とくに箕は注目できるもので、弥生時代前期と中期の二点があり、ほぼ全体がわかる。これら箕の材質は、小林和貴らの研究によりツヅラフジとヤナギ属の当年枝であることが判明した。編み

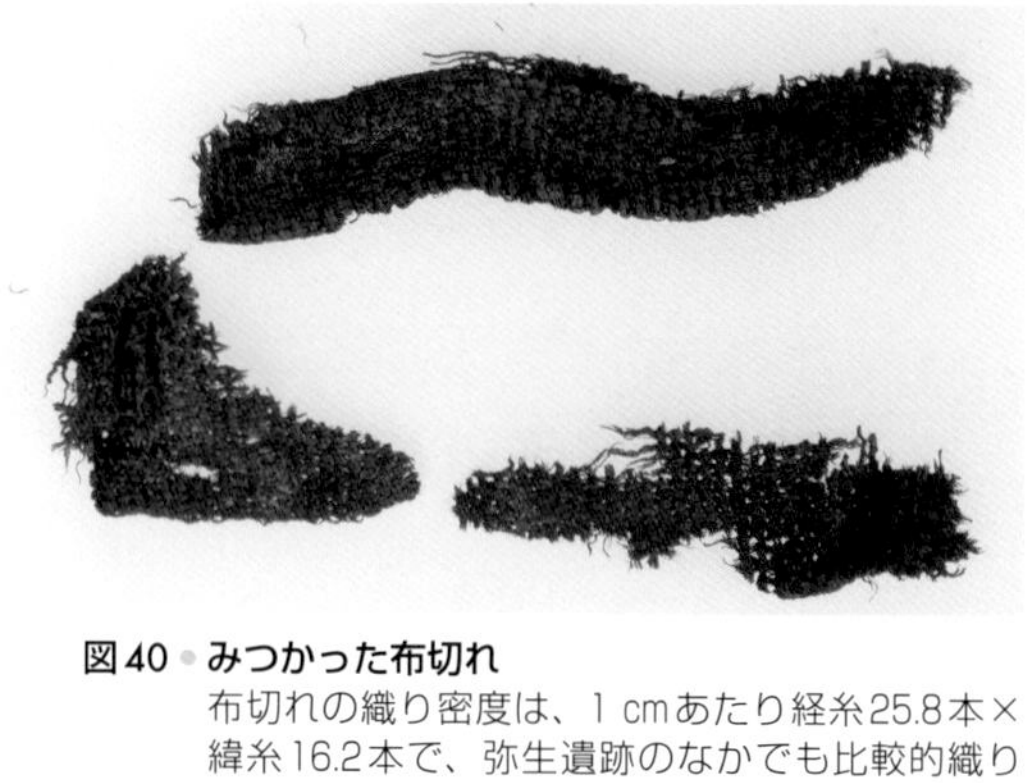

図40 ● みつかった布切れ
布切れの織り密度は、1㎝あたり経糸25.8本×緯糸16.2本で、弥生遺跡のなかでも比較的織り密度の高い高級品と推定された。

物技術は、縄文時代からの技術であるが、新しい稲作の道具として箕が採用され、その技術が生かされているのは、各地に定着した農耕文化の深層を考えるうえで重要である。

5　青銅製品の生産

青銅器工房

唐古・鍵遺跡が青銅器を鋳造する遺跡だとわかったのは、第三次調査の時である。二条の小溝から青銅器鋳造関連遺物が多量に出土したが、その溝がどのようなものなのかはわからなかった。それが解明されるには、二〇年後の調査まで待たなければならなかった。第三次調査地の西側では小溝の延長を、北側では炉跡と推定される遺構を検出した。これらから、炉跡の遺構は青銅器鋳造の工房であり、その南側は二条の小溝によって区画されていることがわかった。

鋳型などの分布状況からすれば、工房はそれほど大きくなく三〇メートル四方の範囲であったと考えられる。唐古・鍵ムラの居住区の面積が一八万平方メートルほどあるなかで、青銅器を鋳造する専門工人の工房は点のように小さい。唐古・鍵ムラの場合は、工房は集落の南東部に配置されたが、ここは防火面から風下にあたる。また、青銅器という特別なものを管理する点においても、ムラの北西側が入り口とすると、一番奥まったところになり、工房の配置は計画的であったと考えられる。

出土した青銅器鋳造関連遺物（**図41**）には、石製鋳型や土製鋳型外枠、送風管、高坏形の土

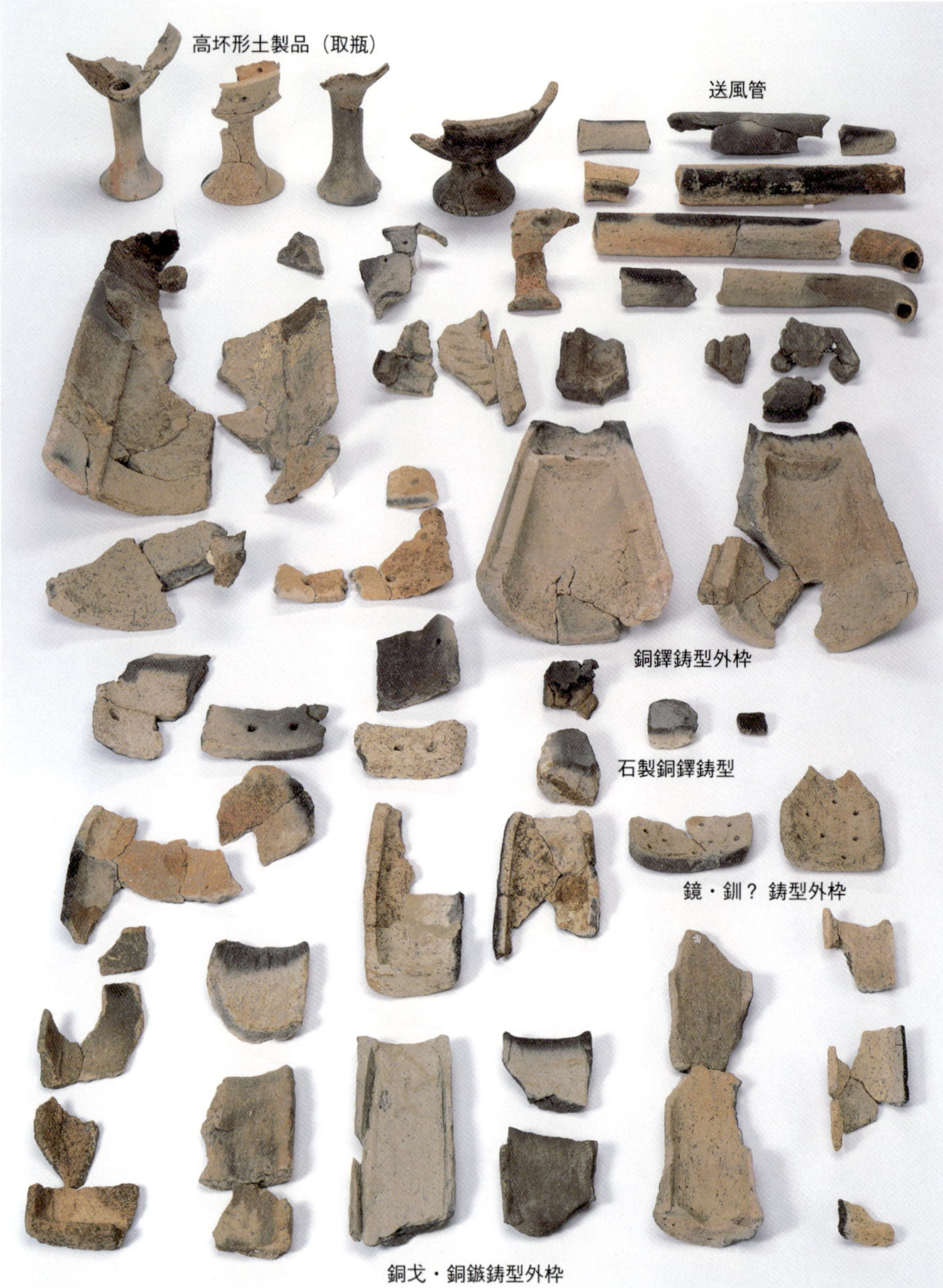

図41 ● 青銅器鋳造関連遺物
高坏形土製品は、埦状の坏部側面に注口があけられており、溶けた青銅を坏部で受けて注ぐことになる。銅戈の鋳型外枠（下段中央）は、扁平な蒲鉾状で長さ26 cm程度であることから20 cm台前半の銅戈が想定される。

製品（私は溶けた青銅を受ける取瓶《とりべ》とするが、坩堝《るつぼ》という説もある）が多量に出土している。

四〇個以上の銅鐸を製作

これら鋳造関連遺物のなかで、とくに重要なのは土製鋳型外枠である。鋳造の初期は石製鋳型であったが、この土製鋳型外枠の採用は鋳造技術の革新であった。鋳造に適した石材の選定（主に凝灰岩の探索）と採掘、運搬が不要になるとともに鋳型製作労力も短縮された。唐古・鍵ムラで土器をつくるように鋳型の製作が可能になった。また、石では限界があった大きさも土製のため、より大きな銅鐸の製作が可能になった。唐古・鍵遺跡の土製銅鐸鋳型（外枠）には、把手の形状や裾部の刻線など石製鋳型の残影があり、唐古・鍵ムラの工人たちが試行錯誤しながらつくり上げたものと考えられる。

出土した土製銅鐸鋳型外枠には、その内側に貼り付けられていた真土《まね》が失われているため、刻まれていた文様がない。おそらく、鋳造した銅鐸側についたのか、あるいは廃棄後の土中内で溶けてしまった可能性がある。したがって、外枠の大きさから、大・中・小（五〇・四〇・三〇センチ台）の銅鐸が鋳造されたことはわかるのだが、鋳型の文様が失われ

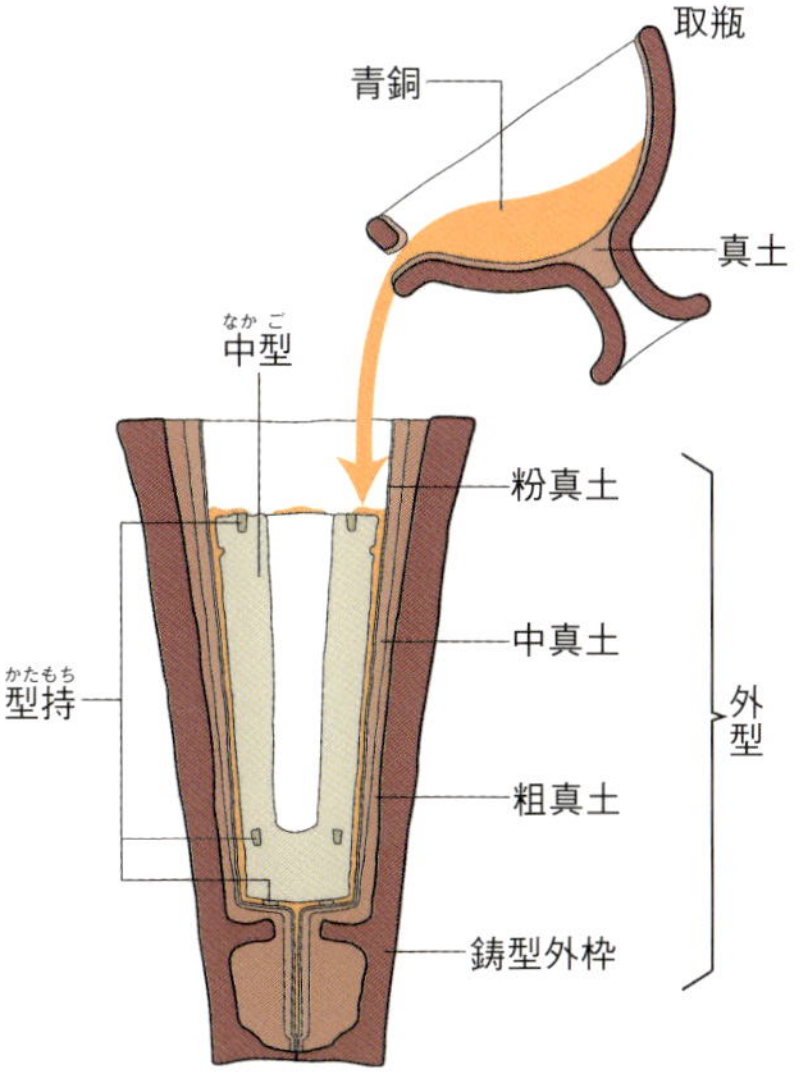

図42 ● 土製鋳型の構造
小型の土製銅鐸鋳型外枠を参考に作成した構造図。内面には3層の真土を貼り付け、鋳造実験では「中型」が浮き上がらないように石の重しで押さえた。

ているため、「唐古・鍵製」の銅鐸を特定することはできない。これは銅戈や銅鏃などの武器、そのほか鏡、腕輪などの鋳型外枠でも同様であるが、鋳型外枠の数量からすると自村使用以上の生産量であり、かなり広地域に供給していたと考えられる。

現在出土している鋳型外枠の総数から、少なく見積もっても銅鐸二七個、銅戈などの武器一二九本、銅鏃五〇本以上が鋳造された。そして石製銅鐸鋳型三個体分（一つの鋳型で五回鋳造として一五個程度）を含めると銅鐸では四〇個以上が鋳造されたと試算できる。

また、一〇〇本以上の武器（戈《か》）は、多量埋納も想像させる数ともいえる。土製鋳型外枠が使用された年代は、弥生時代中期末から後期初頭で、土器型式にしてほぼ二型式（大和第Ⅳ－2〜第Ⅴ－1様式／一世紀前後）におさまると推定している。この短い数十年間に鋳造された青銅器の数としては、近畿地方では唐古・鍵遺跡がもっとも多いであろう。この時期の唐古・鍵ムラは、銅鐸などの青銅器を供給する先導性のある特殊な位置にあった。

図43 ● 小型土製銅鐸鋳型で復元された銅鐸（右）**とスクラップにされた銅鐸**（左）
銅鐸片は縦7.2 cm、横6.0 cm、重さ190 gの小片である。難波洋三は、40 cm以上の4区袈裟襷文銅鐸（区画内に不明絵画）と推定している。この小片は、厚さが0.9 cmと通常の銅鐸より厚く、下端は割れ面ではなく、湯切れの状態を示していたことから鋳造時に中型が浮き上ったため厚くなったのであろう。

第4章　唐古・鍵ムラの精神生活

1　描かれた弥生神話

最多の絵画土器の出土

弥生時代の神観念は、それまでの狩猟採集を主とする縄文時代と異なり、稲作という新しい食料獲得手段のなかで生まれた。それは一年の農耕暦を通して時季ごとに豊穣を願うさまざまな儀礼として発現した。このような儀礼は、形として残らないことから、どのような儀礼であったかを推測するのはむずかしい。私はそれを解く鍵の一つが絵画土器だと考えている。

絵画土器は土器製作中にヘラで絵を描いたもの（焼成後もわずかにある）で、唐古・鍵遺跡を特徴づける遺物の一つである。研究が進展していない第一次調査のころは、牧歌的な農村の一場面を描いたものと考えられていた。その後、絵画土器の出土例が増え、全国的に集成されるようになると、高床建物や船、人物、鹿、魚、スッポンなど画題が選択されていることがわかり、「弥生神話」が描かれていると考えられるようになった。しかしながら、絵画土器の多くは破片で出土するため、絵画の全体がどのような構成であったのか、また、絵画土器がどのように使われたのかなど不明な点も多い。

　絵画土器は唐古・鍵遺跡で三五〇点あまり出土し、唐古・鍵遺跡の衛星集落である清水風《しみずかぜ》遺跡で約五〇点、八尾九原遺跡や法貴寺斎宮前遺跡など

図44 ● 唐古・鍵遺跡出土の大壺と絵画（右）**と清水風遺跡出土の鳥装のシャーマン**（左下）、**法貴寺斎宮前遺跡出土のシャーマンと建物**（左上）
清水風遺跡の鳥装のシャーマンは、唐古・鍵遺跡の大壺の絵画と同じである。「魂振り」の仕草を描いているのであろう。清水風遺跡のシャーマンの絵画には、盾と戈をもつ人物のかすかな線刻が残っており、2人の人物はまつりの主役であったと推察される。

でも数点が出土しており、全国の絵画土器出土点数を仮に八〇〇点前後と見積もると、その半数ちかくが唐古・鍵遺跡を中心とする一帯で出土していることになる。唐古・鍵遺跡と清水風遺跡を除けば、全国で絵画土器の出土点数が一〇点を超える遺跡はほとんどなく、両遺跡の特殊性は明らかである。

壺に描かれた人物と鹿

絵画土器がどのような物語を描いているのかを探るうえで、重要なのが清水風遺跡の絵画土器である。この壺の胴部には、右から左へと大型高床建物・人物二人・魚四匹・鹿が描かれている（図45）。とくに注目されるのは大小に描き分けられた二人の人物と鹿で、人物は左手に盾、右手に戈を持ち、頭上に羽状の被り物をつけている。鹿は右向きに大きく描かれ、背中に刺さった矢は体内まで入っているようなレントゲン手法で描かれている。

盾と戈を持つ人物画の類例は唐古・鍵遺跡をはじ

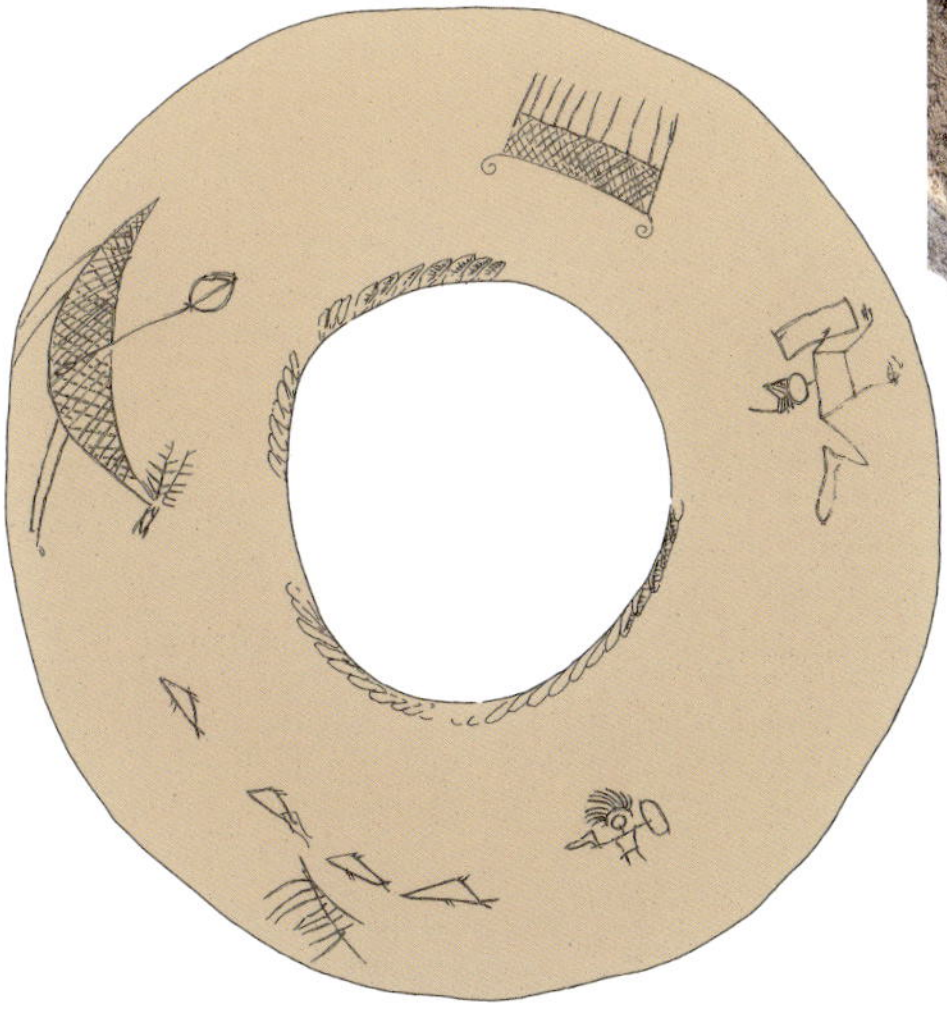

図45 ● 清水風遺跡出土の盾と戈をもつ人物等の絵画土器
2人の盾と戈をもつ人物が描かれているが、頭上の被り物の表現が異なる。大きい人物の矢羽状表現は被り物の正面を、小さい人物の重弧状表現は側面を描いているのではなかろうか。

めとするほかの遺跡にもある。また、祭器である青銅の戈や剣などを木や石で模したものも出土している。このことから「戦闘儀礼風の踊りをする農耕儀礼」や「模擬戦のような祭儀」という説が出されている。このような説をとると、清水風遺跡に描かれた戦士は、実際の戦闘にいく人物を描いたのではなく、儀礼の場の執行者と推定できる。

清水風遺跡の絵画土器は四つの画題で構成されているが、絵画の配置には空白部分があり、大型高床建物と盾・戈を持つ大きな人物、盾・戈を持つ小さな人物と魚・矢負い鹿の二場面に分けてみることができる。富を貯えた大型高床建物に象徴される「人間界」と魚・鹿に象徴される土地の聖霊である「自然界」を前に、二人の人物が模擬戦をしている情景を描いたのではないか。模擬戦という儀礼を通して豊穣を願うまつりの場面を土器に描き、その壺には酒を貯え、まつりの場に供したのであろう。

絵画土器は特別な土器か

まつり執行後、絵画土器はどのように扱われたのだろうか。絵画土器の大半は破片で出土することから意識的に土器を破壊したという考え方がある。しかし、まつり執行後、意識的に破壊し投棄したのであれば、発掘調査で破片となった絵画土器片がまとまって出土してよいはずである。しかし、これまでの絵画土器の出土状況にそのような状況を示すものはない。

まつりの「ハレ」の直会《なおらい》が終われば、絵画土器を持ち帰り、日常の「ケ」の土器として使われた。したがって、日常の土器として壊れて捨てられたから、特別な出土状況を呈していないのである。弥生時代には祭祀の形が未分化であり、定型化された祭式は古墳時代まで待たねばならないということであろう。

もう一つの疑問として、絵画土器は第三者に見せるために描いたのかという問いである。答えは否。私たちは、鮮明に描かれた絵画土器に目がいくが、実は描線が細く不鮮明な絵画、描いたが消した絵画、描き直した絵画などがあり、第三者に見てもらうために描いたとは考えられない絵画も多い。すなわち土器に絵を描き、まつりの場に供したという行為が重要であり、絵画はそのまつりの場で見せるものではなかったのである。

2　清水風ムラは、唐古・鍵ムラの祭場か

前漢鏡の出土

清水風遺跡は唐古・鍵遺跡の北方五〇〇メートルに位置し、鳥装のシャーマンが描かれた絵画土器が出土した遺跡としてよく知られている。遺跡は弥生時代中期初頭から古墳時代前期まで断続的に営まれたが、その性格は異なる。

弥生時代中期初頭と後期末には方形周溝墓が築造され墓域を形成した。特筆すべきは、後期末の方形周溝墓周辺の遺物包含層から小形の前漢鏡と推定される破片が出土したことである

図46 ● 清水風遺跡出土の前漢鏡の外縁部（右）
外縁部のみの破片で、鏡の直径は6.7 cmに復元される。鏡式は、大きさなどから日光鏡系と考えられる。左は福岡県三雲南小路王墓2号甕棺出土の連弧文日光鏡（径6.4 cm）。

（図46）。この鏡片が削平を受けた方形周溝墓にともなっていたのか、あるいは隣接する中期後葉の集落遺構にともなっていたのか判断できないのが残念である。しかし、近畿地方では数少ない前漢鏡であり、前漢（紀元前二〇六〜紀元後八年）の遺物が近畿地方に流入していることの意義は大きい。それも唐古・鍵遺跡と密接な遺跡から出土したとなれば、唐古・鍵遺跡にも同様な文物が流入していたことも大いに考えられる。

鳥装のシャーマン

清水風遺跡の弥生時代中期後葉と後期後半、古墳時代前期は井戸や柱穴などから集落が営まれたことがわかる。これらは断続する集落であるが、注目されるのは、中期後葉の時期である。掘立柱建物が検出され、それに隣接して幅六〜一二メートルの川跡がみつかった。この川跡は砂層で埋没しているが、その川跡からは絵画土器を含む多量の土器が出土した。土器は流水による摩滅がほとんどないことから、遠くから流されてきたものではなく、出土地点ちかくから川に投棄したものと考えられた。絵画の建物の渦巻き状棟飾りや鹿の表現は、唐古・鍵遺跡特有の表現と類似するとともに、そのほかの画題も共通することから、唐古・鍵遺跡と同様な絵画土器を用いる祭祀を盛んにおこなっていたと推定できる。

絵画土器は、鳥装のシャーマン（図44左下）や前述の盾と戈をもつ人物（図45）など、川跡とその周辺から総数約五〇点が出土している。これら絵画土器が出土した河川の延長は五〇メートルほどで、ごく限られた狭い範囲での出土密度は、唐古・鍵遺跡をはるかにしのいでいる。

絵画土器を用いる祭祀をおこなう特別な空間が、この付近に存在した可能性が高い。

清水風遺跡にも楼閣

絵画土器では、鳥装のシャーマン以外にも楼閣を描いたと考えられる小片が注目される。幅の狭い大棟に一羽の左向きの鳥が、そして大棟の両端は渦巻き状飾りの弧線が描かれている。清水風遺跡は、唐古・鍵遺跡の分村であるから、唐古・鍵ムラの楼閣を見て描いたとしてもおかしくはないが、この清水風ムラに建っていてもおかしくないと考えている。

調査では、中期後半の遺構は掘立柱建物二棟が検出されているのみで、竪穴住居はない。また、遺物においても朱の付着した磨り石や朱精製にかかわると推定される多量の朱付着土器片、注口土器、多孔土器、銅鐸形土製品など特殊な遺物が多く、一般的な生活道具類が少ない。このことからも、この遺跡が一般的な集落の様相を呈していないといえる。楼閣のような特別な建物も有し、また祭場的な空間をもつ集落ととらえることができよう。

唐古・鍵遺跡の周辺遺跡では、前述したように絵画土器が出土し、しかも独特な建物が描かれている。このことから、唐古・鍵ムラだけでなくその周辺にも祭場を設けていたと考えられる。

図47 ● 清水風遺跡出土の鳥のとまる楼閣絵画

二つの役割を担う清水風ムラ

清水風遺跡の川跡は、唐古池で検出された北方砂層（川跡）につながる可能性が高い。この北方砂層は、その北北西の調査で延長二〇〇メートル分を確認しており、その方向から清水風遺跡の川跡方向へ流れている。この二つの川跡は遺物を多く含み、集落の一部をかすめるように流れている。おそらく、水流を制御するために部分的に人工的な手を加えていることが考えられよう。

すなわち、この河川は両遺跡をつなぐ運河的な役目をもつと思われる。清水風遺跡は、唐古・鍵遺跡の下流側に位置し、大和川とは清水風遺跡を経て結ばれることになる。このことは、清水風遺跡が唐古・鍵ムラに入る際のチェック機能や物資搬入経路の中継機能を有することになろう。このような推論が成り立つならば、唐古・鍵ムラの祭祀的な空間としての機能と唐古・鍵ムラの玄関口としての機能の二つがこの遺跡の性格となろう。

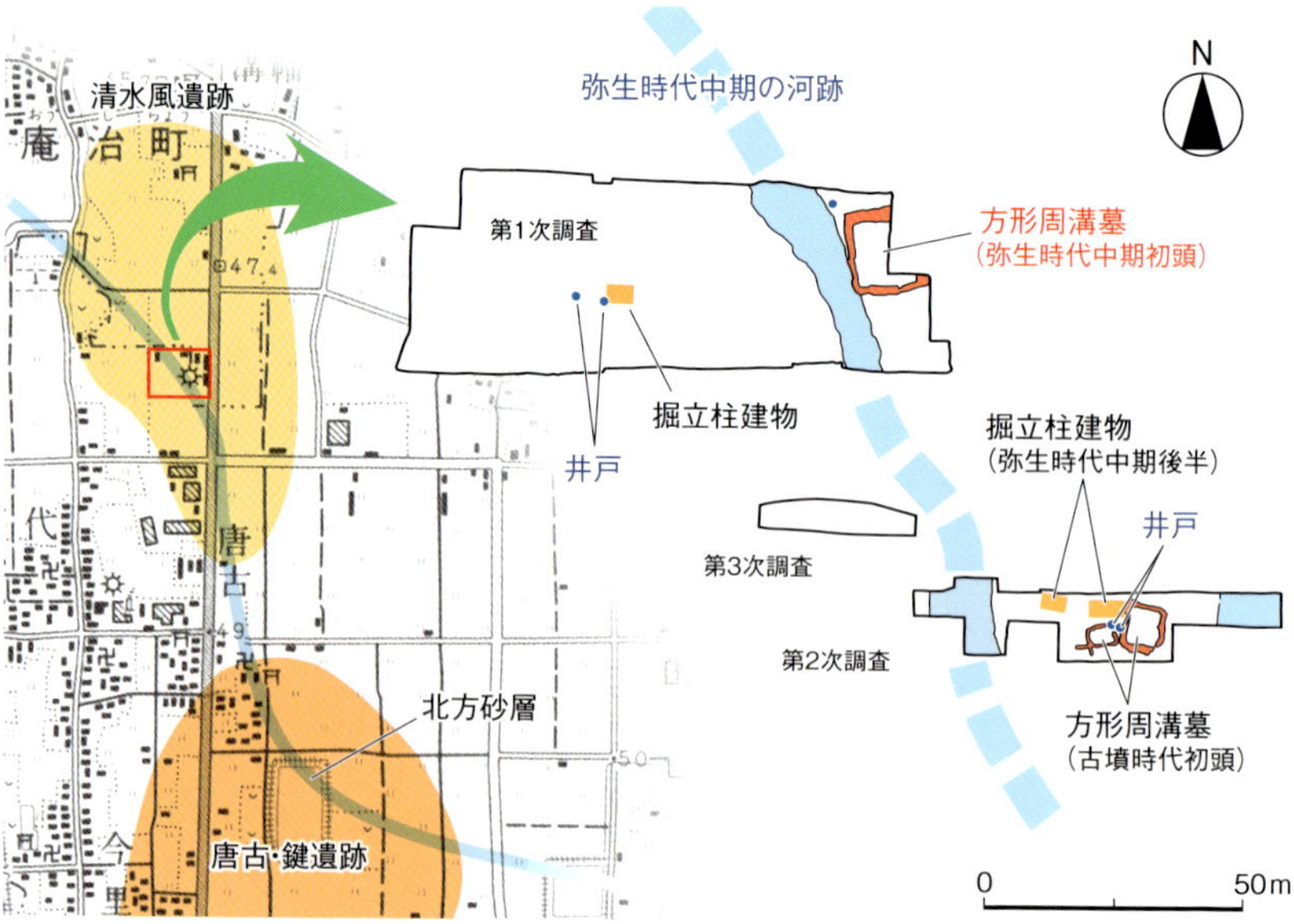

図48 ● 唐古・鍵遺跡と清水風遺跡の関係
絵画土器を多く出土した川跡（唐古・鍵遺跡の北方砂層）は、幅11ｍ（一時期5〜8ｍ）・深さ1.5ｍの規模である。粗砂層で埋没しており、かなりの水流があったであろう。

3　記号土器

文字になったかもしれない記号

弥生時代後期、壺にさまざまな記号が描かれた。その分布は、ヤマトを中心に近畿地方各県、地域に偏りがあるが愛媛、宮崎、石川県などにも広がっている。このような記号について、森浩一は「もし、日本に漢字が伝わらなかったら、弥生時代の記号が文字として成立したかもしれない」と指摘している。現在の社会生活のなかでも、地図記号やリサイクルマーク、レストランを示す絵文字など、さまざまな記号や絵文字に遭遇する。私たちはそれらを理解して行動しているから、これらは文字に匹敵する役割を果たしている。このように考えると、弥生時代の記号も充分に意思伝達の役目があったとみてよい。

私は弥生時代の記号土器を集成した結果、記号には体系があると考えるようになった。この体系とは、直線（縦線・横線・斜線・V字形・三叉形〈个〉な

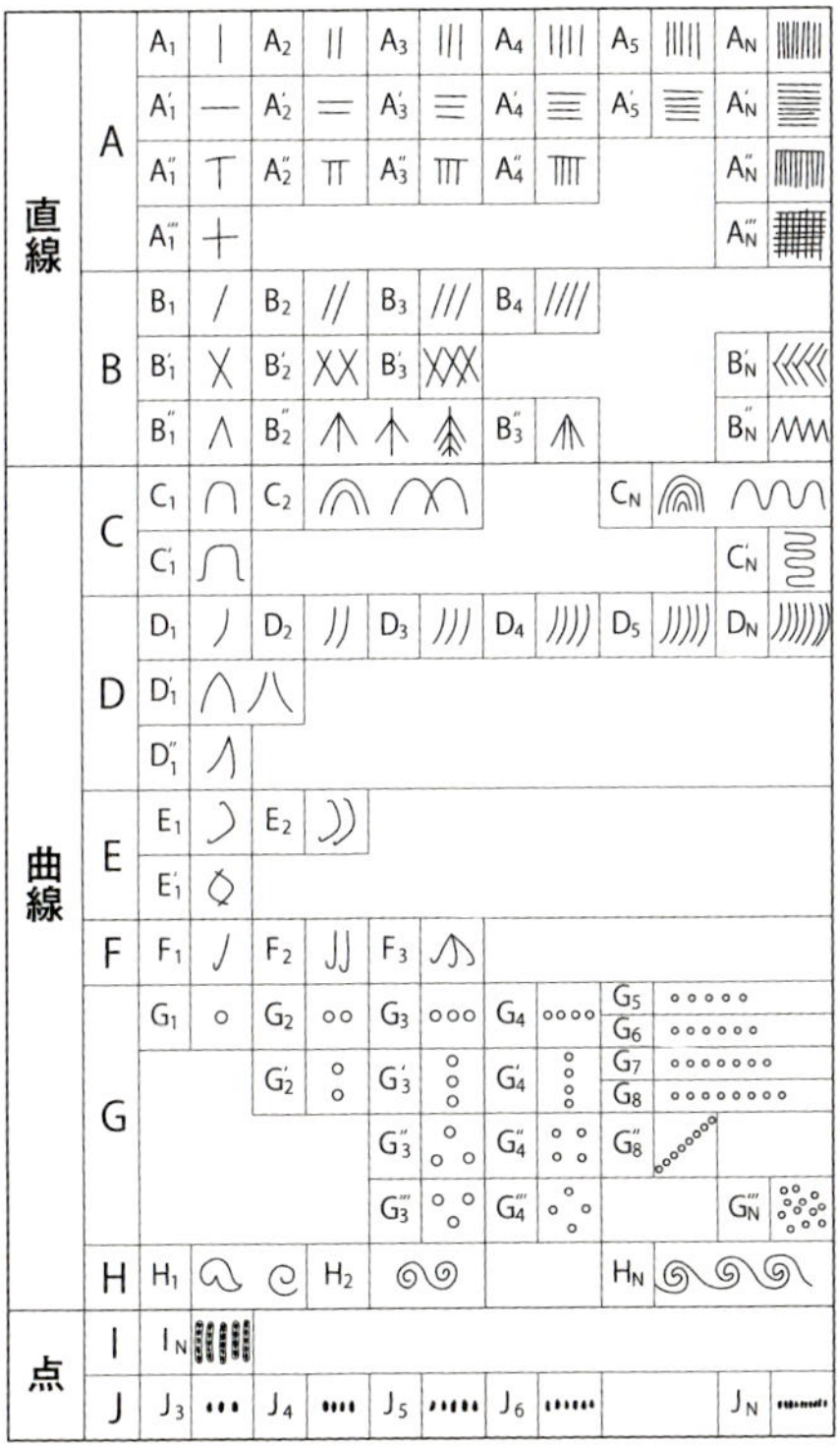

図49 ● 弥生土器の記号分類図
記号の多くは、土器焼成前にヘラで刻まれた。ヘラ以外には、竹管状の工具で押捺したもの、細くした粘土紐を使い記号の形に貼り付けたもの、赤色顔料で描いたものがある。

ど）、曲線（U字形・ノ字形・J字形・円形〈○〉など）、点で構成されているもので、直線では縦線や横線が一本・二本……と条数を増やす。また、縦線や横線が組み合わされたもの（十字形・T字形など）、円形の中に三叉形、U字形の中に縦線が複合したもの、並列的に描くなどさまざまな形に展開している。

絵画から記号へ

また記号のなかには、記号以前に発達した具象的な絵画から抽象的な記号に置き換わったもの、あるいはその一部が象徴化したものもある（**図50右二点**）。このようにみると、唐古・鍵ムラで記号が発達したのは、それ以前に絵画を描くという行為がこの集落で盛行していたからだと考えている。唐古・鍵の人たちは日常的に絵画を描き認識する能力を備えた結果、一世紀にはものづくりという技術だけではなく、「もの」を認識して伝達（表現）する手段としての記号体系をつくり上げた。

このような知的文化こそが、この集落の潜在的能力であったといえる。絵画や記号は文字と同じであり、弥生時代の人たちはそれが何をあらわしているのかを理解していた。その意味において、

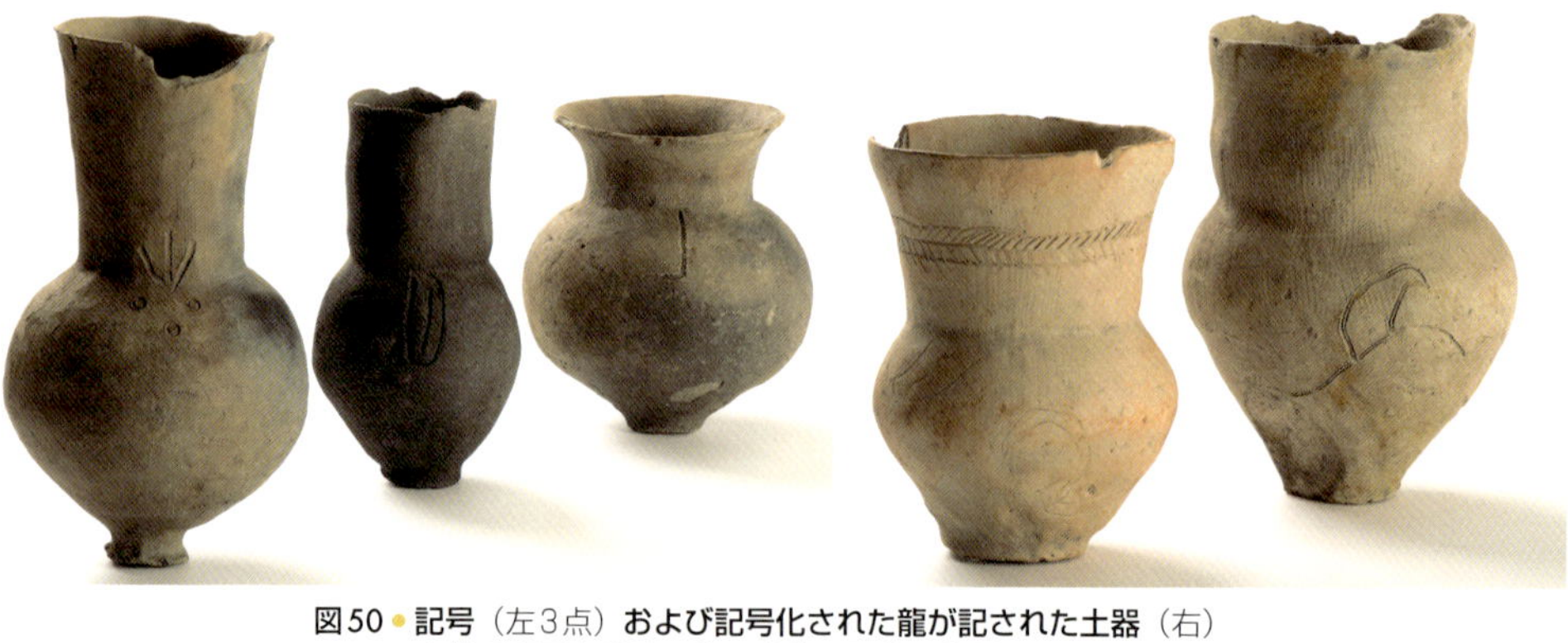

図50 ● **記号**（左3点）**および記号化された龍が記された土器**（右）
右端の記号土器は、龍の曲線の胴体の片側のみで鰭部分が象徴化されたもの。
右から2つ目の記号土器は、胴部上端左に鰭部分、中央から下半に逆S字状表現の龍の胴部を描いている。

弥生時代中期後半に三五〇点以上の絵画土器が出土し、後期には記号土器分布の中心となる唐古・鍵遺跡は、文化的優位に立つ集落だったと考えられる。

4　魔除けにされたイノシシの下顎骨

棒にかけられたイノシシの下顎骨

イノシシは、唐古・鍵ムラの人にとって重要な食料源であった。それは、弥生時代前期から後期前半にかけて出土する多量のイノシシの骨が物語っている。それらの大半は遺棄されるが、特別な扱い方をしたイノシシの下顎骨もみつかっている。ムラ南東部の環濠から出土した一四個体分のイノシシ下顎骨（調査時は鹿と誤認）である。これら下顎骨は細長い丸棒に沿うようにあったことから、下顎骨の「V」字の形状を利用し、丸棒の竿に懸架していたものを環濠に投棄したものであった。また北西部の環濠では、イノシシ下顎骨七個体の集積もみつかっている。このほか、イノシシ下顎骨の付け根に孔を穿ったものが集落各所の溝や井戸から出土しており、これらは孔に棒を通して吊り下げられたと推定されている。

図51●集積後、環濠に投棄されたイノシシの下顎骨
北西部の環濠からイノシシ下顎骨や甕、異形土器が出土した。この地点から152m南南東の大型井戸からはト骨8点と甕が出土しており、両遺構から出土した甕の破片が接合した。このことから、近くでまつりを執行したのち、分割して投棄したのであろう。

ムラの出入り口にかけられたか

共通するのは、イノシシの下顎骨を特別にとり扱っていることである。春成秀爾は、中国新石器時代や中国西南部少数民族の例などを参考に、中国大陸から伝来した「辟邪」の習俗であるとし、イノシシ下顎骨の「V」字形が鈎形を呈し、その形に呪力（魔除け）があり、住居の内部や入り口あるいは集落の入り口にかけ、死者や災厄があったりすると、下顎骨の鈎部に邪霊が引っかかり、それを居住区の外に棄てたのではないかと考えた。

弥生時代の人たちもイノシシの獰猛性や大きく湾曲した牙に「邪」を避ける呪力をみいだしたのであろうか。ちなみに丸棒に懸架されたイノシシ下顎骨の出土地点はムラの南東部、集積されたイノシシ下顎骨はムラの北西部にあたり、いずれもムラの出入り口付近と推定される場所にあたることは注目したい。

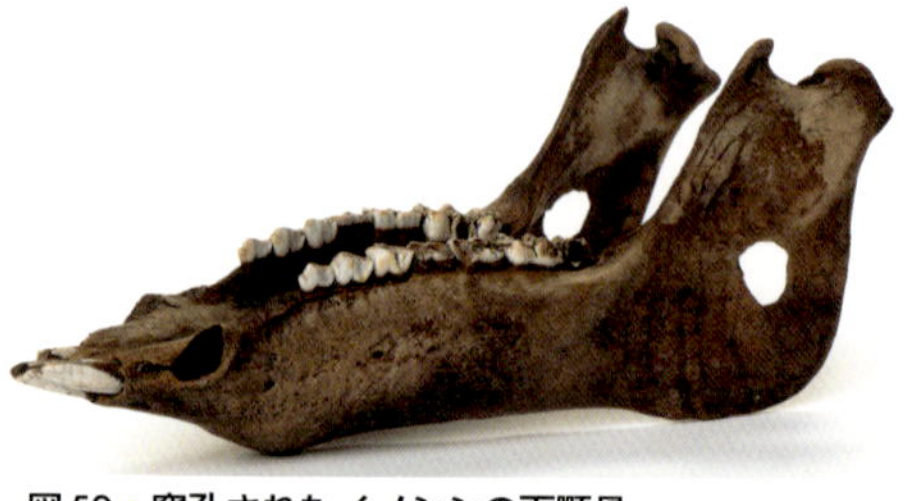

図52 ● 穿孔されたイノシシの下顎骨
イノシシの下顎骨を穿孔したものは、老獣のほうが効力があると信じたためか大形（老獣）の下顎骨が使われていることが多い。牙はすべて抜かれているが、西地区北部で出土したものには、代わりに木製牙が差し込まれていたものがある。

5　道教と禹餘粮

弥生の宝石箱

楼閣絵画や鶏頭形土製品など弥生時代の研究において、十指に入るような発見が唐古・鍵遺跡にはあるが、なかでも重要な発見が「褐鉄鉱」容器とヒスイの勾玉である（図53）。褐鉄鉱とは、三〇〇万〜三〇万年前の砂礫層「大阪層群」中で生成されたもので、精良な粘土を核として砂礫が鉄分によって殻をつくった自然の鉱物である。一般的には「鳴石《なるいし》」「鈴石《すずいし》」などとよばれているものである。唐古・鍵遺跡で出土したものは、手のひら大の不整形で暗褐色を帯びている。この褐鉄鉱は、唐古・鍵遺跡の北西約一四キロにある生駒郡平群町の椣原《しではら》付近の砂礫層から採取されたと考えられている。

褐鉄鉱は三分の一程度が打ち割られ、中に存在したであろう精良な粘土塊は除かれ、かわりに周囲の黒色粘土が入り込んでいた。この粘土を少しずつ除去していくと、細かく割れた土器片一三点とみごとなヒスイの勾玉二点が入っていた（図54）。この外見上とても美しいといえない砂礫塊が、まさに弥生の宝石箱であった。容器内の土器片はすべて接合し、甕の胴部片となった。ちょうど打ち割られた褐鉄鉱の口部分をおおう大きさであり、この土器片は褐鉄鉱容器の蓋に使われたと思われる。勾玉は手前に一号、奥に二号勾玉があった。一号勾玉は長さ四・六センチで弥生時代最大級、二号勾玉は一号勾玉にくらべ小さいが、濃緑色で透明質の非常に良質なヒスイである。この二つの勾玉は、弥生時代において最大・最上級のヒスイ勾玉といえる。

図53 ● 褐鉄鉱容器が出土した溝（左）**と容器内のヒスイ勾玉**（右）
2号大型建物を区画したこの溝は、弥生時代中期から後期にかけて継続的に使われており、数回にわたって掘りなおされていた。一時期の溝幅は2ｍ前後、深さ1ｍ程度である。褐鉄鉱容器内には手前に1号勾玉、一番奥に2号勾玉があった。

仙薬、禹餘粮

この褐鉄鉱内部に存在したであろう粘土は、弥生時代と同時代の中国・漢代の『列仙伝』に、不老長寿を理想とする神仙思想（道教）の仙薬の一つ「太《たい》（大）一禹《いちう》餘粮《よりょう》」「禹餘粮」として記されている。日本では、聖武天皇の遺品を盧舎那仏へ献納した際の『東大寺献物帳』の「種種薬帳」にもその名がみえ、正倉院に残る約一三〇グラムの「紫色粉」が「禹餘粮」と推定されている。このようにみると、地域や時代は異なるが、唐古・鍵ムラの人たちも褐鉄鉱内部の粘土を仙薬とみなしていた可能性が高い。また、生命の象徴ともいえる緑色のヒスイ勾玉二点を納入していたことも仙薬との関係で理解でき、弥生の人たちにとってこの褐鉄鉱の内容物が重要であったことを物語っている。

紀元前後のヤマトの「唐古・鍵」の人たちは、中国の神仙思想・仙薬の知識をとり入れ、実践していた可能性があり、大陸からの文物のみならず精神的な部分も受け入れていたことになる。この類例のない遺物は、弥生時代の精神史を評価するうえで最重要遺物といえる。

1号勾玉　　2号勾玉

図54 ● 褐鉄鉱容器に納められていたヒスイ勾玉
褐鉄鉱容器の大きさ：残存長14.5 cm、幅13.2 cm、高さ6.9 cm。蓋に使われた甕片：8.2×7.2 cm。1号勾玉：長さ4.6 cm、重量48.2 g。2号勾玉：長さ3.6 cm、重量16.4 g。

第5章　唐古・鍵ムラの終焉とその後

1　ムラ環境の変化

多重環濠の埋没

弥生時代中期に形成されたムラを囲む多重環濠は、中期末に多量の洪水砂によって埋没した（図55）。また、この洪水砂は集落内の井戸なども埋めつくした。その範囲は、集落の南部から北西部にかけての広範囲におよぶ。この洪水は、数百年にわたって営まれてきた集落に残された痕跡としては、もっとも大きな災害であったと推察される。この災害に対して唐古・鍵ムラの人たちは、ただちに環濠を再掘削してムラの再建を図った。しかしながら、中村泰之《やすゆき》の唐古・鍵遺跡出土両生類の研究によって、中期までは樹木の少ない開けたムラが、後期になると藪や林などがある環境へと変化したことが明らかになった。これは、環濠を再掘削したものの集落全体の復旧、そして維持管理ができない状況を物語っているのではないだろうか。

先にも述べたように、弥生時代後期の遺構として顕著なものに井戸がある。井戸は環濠が掘削された弥生時代中期中葉から出現するが、さまざまな遺構の一つでしかなかった。しかし、後期には多数の井戸が掘削されるとともに、十数点以上の土器が井戸に供献される事象や「龍神信仰」があらわれた。これは「清水」の確保がこれまでにも増して必要になったことや井戸（水）に対する観念が大きく変化したことを物語っている。このようにみると、弥生時代後期は、いままでとは大きく異なった自然環境、そして新しい「水に対する観念」が醸成された時代へと変化したと考えることができよう。

豊かな社会から不安定な社会へ

この弥生時代中期から後期の集落環境の変化とともに、ほかにも大きく変化したものに「土器づくり」がある。中期までは小形品もあるが、三〇センチを超えるような中・大形で多様な形態、加飾のある土器が製作された。これに対し、後期以降は三〇センチまでの小形品が主体となる。その製作も小形鉢をベースに壺・甕という器種の統一化が図られ、大量生産向きの文様のない粗雑な土器となり、明らかに土器製作にかける時間が短縮された。銅鐸における小型の「聞く銅鐸」から大型の「見る銅鐸」への変化とも連動しており、この時代の価値観が大きく変化し、豊かな中期社会から不安定な後期社会への移行がそこに映し出されている。

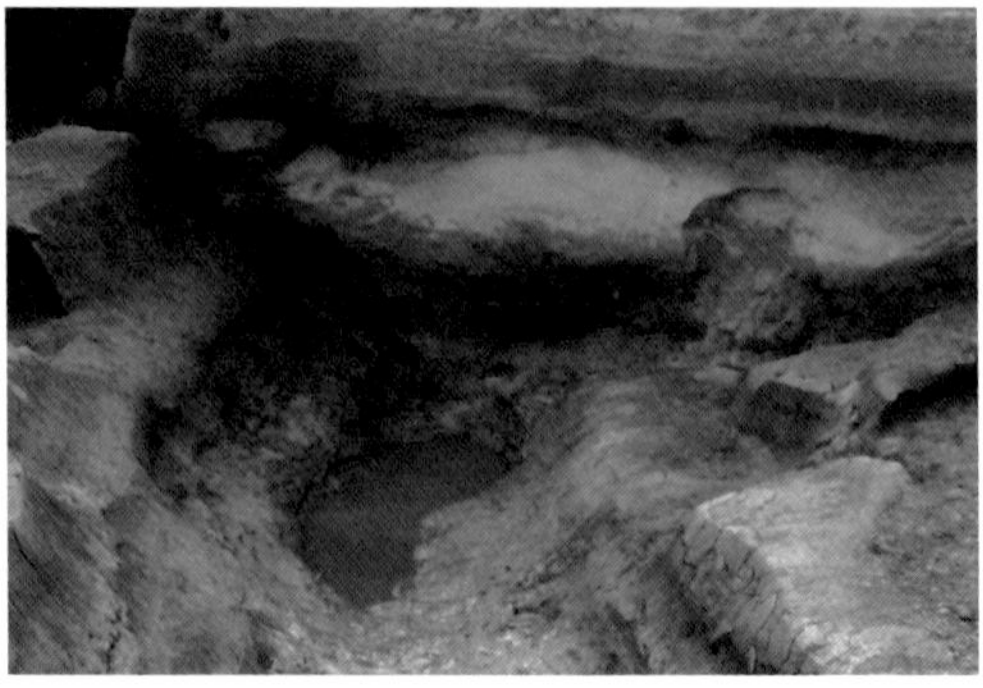

図55 ● 環濠を埋めた砂層堆積
白く映っているのがムラ南東部の環濠を埋めた砂層堆積で、幅6m、厚さ1mほどある。この南地区では、環濠広範に砂層がみられる。

図56 ● 弥生時代中期の土器（上）と後期の土器（下）
弥生時代中期の土器は、流麗な櫛描文を施し、丁寧なミガキ調整によって仕上げられた多種な壺や鉢、高坏や台付鉢、器台などの供献土器など多種多様さがみられる。一方、後期の土器は、小形鉢を基本にその上に粘土紐を積み上げ、広口壺や長頸壺、甕がつくられた。文様もなく、ミガキ調整も少なく、まったく魅力のない土器になった。土器に対する時代の価値観が変わったと考えられる。

2 唐古・鍵遺跡から纒向遺跡へ

弥生時代後期後半（二世紀後半）、人びとのムラに対する考え方が大きく変化した。それは、集落内部にこれまでになかった墓域を形成したことで、ムラ南東部に方形周溝墓三基が築かれた（図57）。この現象とともに再掘削された環濠は、徐々に埋没していく。環濠集落の放棄である。とくにムラの南側や北西部の環濠では多量の土器が投棄された。

このころから環濠内部は居住区としての管理を徹底せず、広大な集落全体を維持するのではなく、エリアごとに性格づけをして管理したのであろう。また、唐古・鍵遺跡の周辺でも変化が生じており、前述した唐古・鍵周辺で小集落が誕生する。しかしながら、これら新たに誕生した集落は中期の衛星集落（母ムラと子ムラの関係）と質的に異なるもので、唐古・鍵ムラの解体にともなうものと考えられる。

この弥生時代後期後半の集落環境の変化と環濠が埋没していく過程は、古墳時代初頭（三世紀前葉）までつづく。この一連の流れの最終段階、三世紀前後に纒向遺跡が出現した。

図57 ● ムラ内部に築かれた方形周溝墓
墳丘部分は削平されているため、溝幅0.75〜1.5 mほどの周溝を残すのみである。墳丘は、長軸8.5×短軸7.25 mの規模である。

古墳時代初頭、唐古・鍵ムラの南東部や東部の環濠では、完全な形の土器が多く投棄された。それら環濠に投棄された土器をくわしくみると、唐古・鍵在地の土器（弥生時代からの伝統的な土器）が大半だが、わずかに新しい型式である古墳時代初頭の「庄内式甕」（内面をケズリ手法で薄く仕上げる甕）が含まれている。これは、すでに古墳時代を迎えているのに旧来の土器が多く残存していることを示しており、このような土器様相は奈良盆地東南部の纏向遺跡を除く遺跡では一般的なことである。しかし、纏向遺跡ではこの庄内式甕が多く出土し、ヤマトにおいて纏向遺跡が先駆的な集落であることを物語っている。

このような古墳時代初頭の状況で、唐古・鍵遺跡が注目される最大の点は、奈良盆地東南部産の土器が多量（出土地によっては一〜二割程度か）に含まれていることにある（**図58**）。角閃石を含み、黒褐色を呈すこの奈良盆地東南部産の土器の

図58 ● 環濠から出土した奈良盆地東南部産の土器
ムラ東部の環濠から出土したもので、ほぼ完形のものが投棄された。写真中央の甕は胴部に穿孔がみられる。

製作地については、奥田尚によれば纒向遺跡を含む周辺地域と推定しており、纒向遺跡に限定はできない。しかし、唐古・鍵ムラの解体に、すでに成立している纒向遺跡を主体とする東南部地域の人たちが大きくかかわったとみるのが妥当であろう。あるいは強制的に唐古・鍵ムラを解体させたのではないか。唐古・鍵ムラの環濠各所において、完全な形の土器、まだ使用できる土器を多量に投棄している現象を廃村に向かう儀礼的な行為と考えられないだろうか。纒向遺跡は、唐古・鍵遺跡の東側にある初瀬川をさかのぼること四キロの位置にある。両遺跡の地理的な関係や集落規模、盆地内に占め

図59 ● 唐古・鍵遺跡から纒向遺跡・三輪山を望む
写真右下に唐古池とその周囲の緑部分が史跡公園となった。
中央の蛇行する初瀬川の向こうに纒向遺跡、三輪山がある。

る集落の地位からして、唐古・鍵遺跡が纒向遺跡へとスライドしたとみるべきで、纒向遺跡が唐古・鍵遺跡を引き継いだのである。

ヤマトにおける拠点集落のなかでも盆地南部にある多重環濠集落の坪井《つぼい》・大福《だいふく》遺跡や平等坊《びょうどうぼう》・岩室《いわむろ》遺跡、多《おお》遺跡、中曽司《なかぞし》遺跡なども、唐古・鍵遺跡同様に後期後半には環濠が埋没していく現象がみられ、ムラ周辺に分村がつくられる。このことから、盟主である唐古・鍵遺跡と纒向遺跡の二つの遺跡のみでこの時代を語ることはできず、奈良盆地全体でとらえる必要がある。原因は今後の課題であるが、気候変動によって倭国乱が発生したという魅力的な説もある。

環濠の再掘削と集落の再構築

纒向遺跡が盛行する庄内期、唐古・鍵ムラの遺構・遺物は極端に減少し、主客逆転する。唐古・鍵ムラから纒向集落への移動が全村あげてのものなのかどうかは、今後の課題である。唐古・鍵ムラが廃村になったかどうかは、この時期の唐古・鍵遺跡での土器編年が確立していない現状から、判断できない。大まかには連続（継続）しているようにみえるが、短期間途切れている可能性もある。

その後の古墳時代前期（布留式）には、唐古・鍵ムラでは、環濠形成初期に掘削された「大環濠」をトレースするように環濠が再掘削される。そして、井戸が顕著であることから一定規模の集落が再建されたようだ。その範囲は、弥生時代のムラの範囲にはおよばないが、弥生時代前期の微高地一帯（北地区・南地区・西地区）に環濠や井戸、区画溝などが検出されている。

環濠は浅く規模は小さいが、ほぼ弥生時代集落の範囲をカバーしている（図14右下参照）。

それら井戸や環濠から多くの土器が出土し、これまでの弥生時代からの伝統的な土器や盆地東南部の土器が一掃され、定型化した「布留式」土器に一新される。丸底で球形の胴部をもつ画一的な甕を主体とし、これに小型精製土器がともなう（図60）。注目されるのは、山陰・吉備・東阿波・紀伊・近江・東海産など広範な搬入土器が、弥生時代のときと同じように含まれていることである（図61）。これらは、纒向遺跡で出土しているものより量的には少ないが、ほぼ同じである。このようにみたとき、瀬戸内・河内を通じて大和川を遡上する場合、唐古・鍵ムラを通過し、纒向遺跡に到達したと考えられ、唐古・鍵集落がその前衛的な位置になって

図60 ● 定型化した古墳時代（布留式）**の土器**
弥生時代後期の粗雑な土器づくりから一変し、古墳時代になると丁寧な土器づくりとなった。定型化した壺と甕、精良な粘土でミガキを多用した壺や高坏、小型鉢が出現した。

いたとみなすことができる。纒向遺跡がヤマト王権の主体的な立場を示すのに対し、唐古・鍵ムラは奈良盆地の中央部の集落として重要な位置を占めていたことは間違いないだろう。

3　王権誕生の地

唐古・鍵遺跡には大型建物のような遺構や褐鉄鉱容器のヒスイ勾玉のような遺物など、数えきれない特筆すべき遺構と遺物がある。しかし、これらはこの集落の一構成要素であって核心ではない。この集落の最大の特徴は、巨大化した集落が多重環濠をめぐらせ、七〇〇年間にわたって存続したことにある。

埋没する環濠をくり返しさらえ、付け替えをおこなって環濠集落を維持するために、唐古・鍵ムラや周辺集落の構成員が膨大に動員されたことは間違いない。この多重環濠集落をめぐらせた集落形態こそが、弥生時代の象徴的な存在なのだ。ただし、このような多重環濠集落は

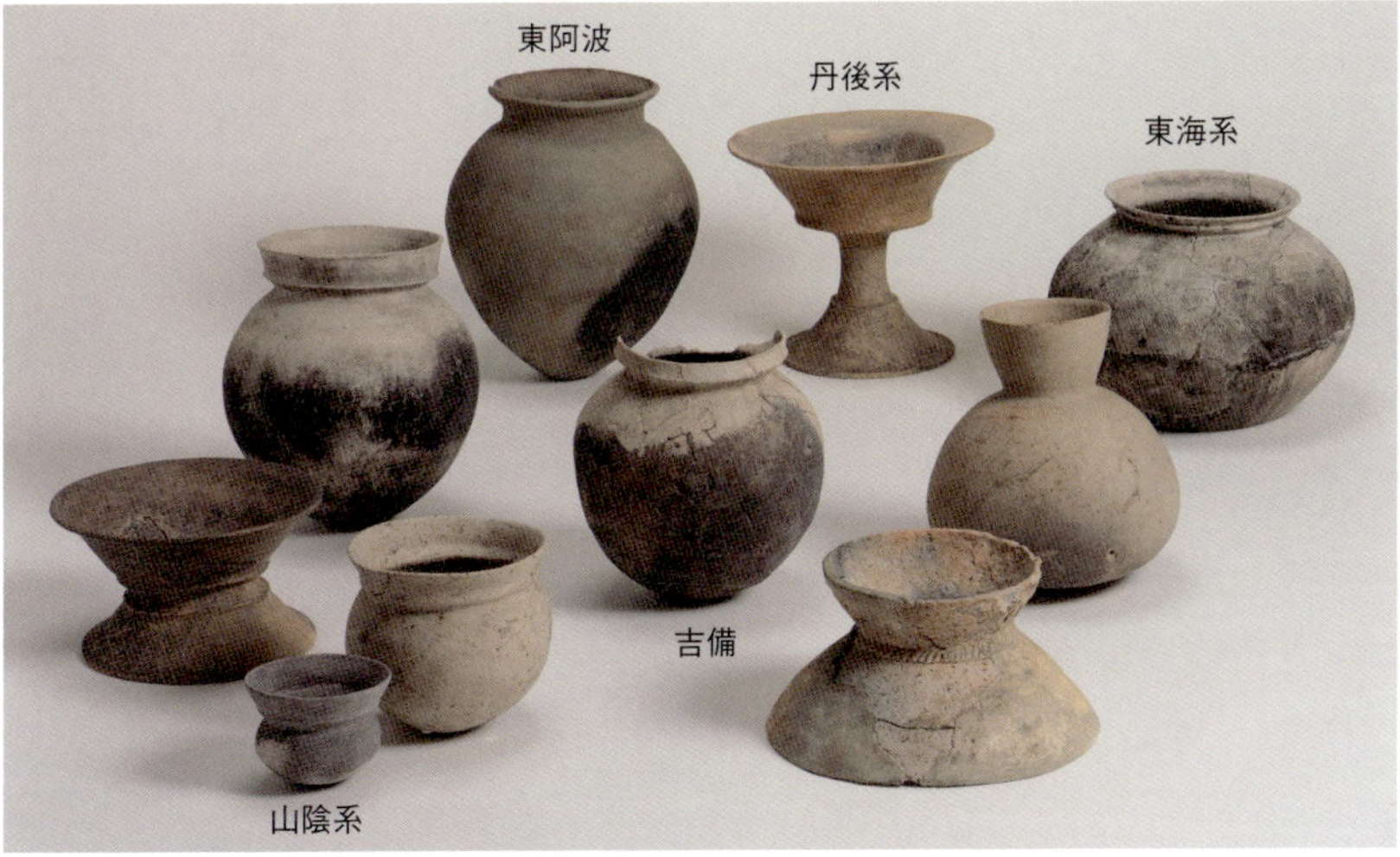

図61 ● 唐古・鍵ムラに運ばれた古墳時代前期の土器
左4点が山陰系、中央奥が東阿波、その右に丹後系、中央に吉備、右3点が東海系である。

唐古・鍵遺跡だけでなく、平等坊・岩室遺跡や坪井・大福遺跡など盆地内の拠点的な集落にもみられる。しかしながら、これら多重環濠集落はヤマトではごく限られた存在であり、唐古・鍵ムラを頂点とする地域社会（クニ）がつくられていたと私はみている。

唐古・鍵ムラの立地も重要だ。この地は、大和川からさかのぼって最初にたどり着く「港」として成立した。そして弥生時代中期後半には、清水風遺跡をその前衛的な位置に成立させた。大和川を媒介にして河内地域と密接につながり、瀬戸内地域・九州・大陸から情報が最初に入ってくる位置にある。一方、この地から山越えすると伊勢湾を中心にした東日本地域に至る。すなわち、東方にある縄文時代の伝統を残す地域からみれば、唐古・鍵ムラは東方地域の最西端になる。つまり、人・物・情報・文化に関して唐古・鍵ムラは西方と東方の結節点にあり、両者が交わる場所として栄えた。唐古・鍵ムラに来れば、遠方の物資・情報を入手できたのである。

唐古・鍵ムラ以外の拠点集落でも、地域と地域をつなぐ役割を有している。しかし、対象となる地域は大きく異なり、唐古・鍵ムラの出土品は北部九州から中部地方までのエリアをカバーしており、また搬入される物資も多い。そして、災害に強く治安のよいムラにするため、多重環濠を不断に維持したからこそ、求心力のあるムラへと成長し、結果的に長期にわたって継続される大集落になったのだ。

唐古・鍵ムラが、長期にわたって維持してきた環濠を放棄するのは二世紀である。最終的には唐古・鍵の首長は、従来の銅鐸祭祀をやめ、新しく首長墓祭祀を確立すべく、それまでの集落を放棄して、次期の盟主となる纒向集落を誕生させる一翼になったのだろう。また、纒向遺跡周辺に展開する古墳群の造墓にあたっては、唐古・鍵遺跡にみられる弥生時代以来の環濠を掘削するエネルギーや土木技術も充分に活かされたと思われる。

ヤマトという地域は災害も少なく安定しており、米づくりにおいても他の地域より優位であったのではないだろうか。しかし、時代はヤマトだけで完結しているのではなく、他の地域の潮流（外圧）のなかに唐古・鍵ムラも組み込まれていく。そして古墳時代という新たな時代へとスムーズに移行していった。弥生時代七〇〇年の長期にわたって、唐古・鍵の人たちが営々と築き上げてきた高度な文化が、次の時代へと継承されていったからこそ、この地域に王権が誕生することになったと私は考える。

新たなステージへ

唐古・鍵遺跡は一九九九年一月、唐古池を中心に約一〇万平方メートルが国史跡として指定された。土地の公有化と公園整備を進め、一九年の歳月を経て、「唐古・鍵遺跡史跡公園」が二〇一八年に開園した。一九〇一年（明治三四）の遺跡の紹介から、実に一〇〇年以上の歳月が費やされ、唐古・鍵遺跡に新たな役割が与えられた。

公園整備には、さまざまな課題があった。集落規模が四二万平方メートルとあまりにも広すぎることである。環濠内部だけでも一八万平方メートルで、史跡地はその一部に過ぎない。また、史跡地内の調査がごくわずかであり、整備には発掘調査のデータが少ないことや、遺跡が弥生時代前期から古墳時代前期まで長期間営まれたため、どの時代を復元整備するのかという時期の選択なども課題であった。整備方針は「弥生の風景の再現をめざす」とし、ムラ最盛期の弥生時代中期で再現することになった。

風景の再現のなかで、奈良盆地東麓の山並み景観が重要な視点となった。とくに東麓には古代史にとって重要な三輪山があり、冬至には三輪山からの日の出を望むことができる。この三輪山を含めた東麓山塊からの日の出については、農耕暦を管理する集落として、計画的に唐古・鍵ムラがつくられたのではないかという北條芳隆の研究がある。米づくりがはじまった弥生時代において、暦を管理することは重要である。唐古・鍵ムラが盆地内の他の集落を統率していく素因を備えもっていたと考えられるかもしれない。このような視点をもって唐古・鍵ムラの成立と終焉をみると、この遺跡と三輪山の間に纒向遺跡が存在していることも偶然ではなく、この二つの大規模集落の占地は、三輪山との関係で考えることもできよう。

整備では、環濠を唐古池の東側に五条復元し、多重環濠集落をイメージできるようにした。

図62 ● 開園した唐古・鍵遺跡史跡公園
写真手前に5条の多重環濠を復元。春には、唐古池堰堤は桜で満開となる。

また、大型建物跡の柱二三本を建て、巨大な建物遺構を復元した。発掘調査で検出された柱穴と柱からは、二案の建物様式が考察されたが、いずれか決しがたく、柱のみの表現となった。このように、この公園整備にはさまざまな研究者の考えや思いが盛り込まれている。

また、田原本町が所有する唐古・鍵遺跡の出土品が二〇一八年一〇月に重要文化財に指定されたことにともない、唐古・鍵考古学ミュージアムも全面的にリニューアルされた。

多くの人たちが学習の場、憩いの場、地域資源活用の場となる公園とミュージアムを訪れ、唐古・鍵ムラの人たちの高度な文化レベルを肌で実感し、弥生時代の「ヤマト」が唐古・鍵遺跡だけでなく、連動して地域が動いていること、そして纒向遺跡へと収斂されていくことを思い浮かべてほしい。

参考文献

安藤広道　一九九二「弥生時代水田の立地と面積」『史学』第六二巻第一・二号

飯田恒男　一九二九『大和唐古石器時代遺物図集』

石野博信　一九八四「唐古・鍵遺跡『銅鐸鋳型』がみつかった日」『青陵』第五三号

石野博信　一九七三「大和の弥生時代」『橿原考古学研究所紀要　考古学論攷』第二冊

石野博信　一九七九「大和唐古・鍵遺跡とその周辺」『橿原考古学研究所論集』第四　吉川弘文館

梅原末治　一九一八「大和磯城郡唐古の石器時代遺跡に就いて」『人類学雑誌』第三三巻第八号　東京人類学会

梅原末治　一九二三「弥生土器に鹿の図」『考古学雑誌』第一三巻第九号　考古学会

梅原末治　一九二三「再び大和唐古の遺跡について」『人類学雑誌』第三八巻第三号　東京人類学会

江田真毅・安部みき子・丸山真史・藤田三郎　二〇一六「唐古・鍵遺跡第五八次調査から出土した動物遺存体」『田原本町文化財調査年報』二四

大林太良編　一九七三『高天原神話　シンポジウム日本の神話』第二巻　学生社
黒田龍一　二〇一四「大型掘立柱建物（SB-1201）の建築復元」『弥生遺産Ⅱ』唐古・鍵考古学ミュージアム展示図録 Vol.17
小林和貴・鈴木三男・佐々木由香・能城修一　二〇一七「唐古・鍵遺跡から出土した編組製品等の素材の植物種」『田原本町文化財調査年報』二五
末永雅雄　一九三七「大和唐古弥生式遺跡発掘日誌」『考古学』第八巻二～四号　東京考古学会
末永雅雄・小林行雄・藤岡謙二郎　一九四三「大和唐古弥生式遺跡の研究」『奈良県史跡名勝天然記念物調査会報告』第一六冊
末永雅雄　一九六八「はじめて弥生文化の内容を確証した唐古池」『考古学の窓』学生社
末永雅雄　二〇〇四「唐古遺跡の調査」『末永雅雄が語る大和発掘ものがたり』
高橋健自　一九〇一「磯城郡川東村大字鍵の遺跡」『考古界』第一篇第七号　考古学会
辰巳和弘　二〇一八「弥生人の心を探る」『重要文化財指定　出土品が語る弥生世界』シンポジウム資料集
坪井清足　一九九四「唐古遺跡のことども」『小林行雄先生追悼録』
鳥居龍蔵　一九一七「閑却されたる大和国」『人類学雑誌』第三二巻第九号　東京人類学会
中村泰之　二〇一四「唐古・鍵遺跡出土の両生類遺存体」『田原本町文化財調査年報』二二
布目順郎　一九八八「唐古・鍵遺跡出土の繊維製品について」『唐古・鍵遺跡第21・23次発掘調査概報』田原本町埋蔵文化財調査概要六
春成秀爾　一九九三「豚の下顎骨懸架」『国立歴史民俗博物館研究報告』第五〇集
東村純子　二〇一二『考古学からみた古代日本の紡織』六一書房
藤田三郎ほか編　二〇〇九『唐古・鍵遺跡Ⅰ―範囲確認調査―』田原本町文化財調査報告書第五集　田原本町教育委員会
北條芳隆　二〇一七『古墳の方位と太陽』同成社
森岡秀人　一九九八「私の弥生彷徨ノートから（2）」『みずほ』第二七号　大和弥生文化の会
森本六爾　一九二四「原始的絵画を有する弥生式土器について」『考古学雑誌』第一四巻第四号　考古学会
森本六爾　一九二四「大和に於ける史前の遺跡（2）（3）」『考古学雑誌』第一四巻第一一・一二号　考古学会

右記以外に、唐古・鍵遺跡の各調査の報告書、概報、田原本町文化財調査年報、唐古・鍵考古学ミュージアムの各図録がある。

唐古・鍵遺跡史跡公園

・奈良県磯城郡田原本町唐古50―2
・電話　0744（34）5500
・開園時間　9：00～17：00（入園は16：30まで）
・休園日　月曜日（祝日の場合は、その日にもっとも近い平日）、年末年始（12月28日～1月4日）
・入園料　無料
・交通　近鉄橿原線「石見」下車、徒歩約20分、「田原本」・田原本線「西田原本駅」下車、タクシー約10分。車で京奈和自動車道三宅ICから約10分

唐古・鍵ムラの最盛期の弥生時代中期の風景を再現。多重環濠や楼閣、二号大型建物の柱列が復元され、遺構展示情報館では一号大型建物の柱穴模型や出土した二号大型建物の大柱を展示している。

復元された２号大型建物の柱列

唐古・鍵考古学ミュージアム

・磯城郡田原本町阪手233―1　田原本青垣生涯学習センター2階
・電話　0744（34）7100
・開館時間　9：00～17：00（入館16：30まで）
・休館日　月曜日（祝日の場合は、その日にもっとも近い平日）、年末年始（12月28日～1月4日）
・入館料　大人200円、高校・大学生100円、15歳以下は無料
・交通　近鉄「田原本駅」「西田原本駅」から徒歩約20分、タクシーで約10分。車で京奈和自動車道三宅ICから約20分

田原本町が所有する唐古・鍵遺跡の出土品一九二一点が重要文化財に指定され、博物館は全面的にリニューアルされた。第一室では環境と食、暮らし、交流など弥生時代の生活文化を展示し、調査成果をもとにした二〇〇〇年前の最盛期の唐古・鍵ムラ復元模型がみられる。第二室では重要文化財に指定された優品が展示され、ムラの人たちの高度な文化レベルを実感できる。第三室では弥生時代の「ヤマト」が唐古・鍵遺跡だけでなく、連動して地域が動き、纒向遺跡に収斂されていくことがわかる展示となっている。

唐古・鍵考古学ミュージアム　第１室

遺跡には感動がある

——シリーズ「遺跡を学ぶ」刊行にあたって——

「遺跡には感動がある」。これが本企画のキーワードです。

あらためていうまでもなく、専門の研究者にとっては遺跡の発掘こそ考古学の基礎をなす基本的な手段です。また、はじめて考古学を学ぶ若い学生や一般の人びとにとって「遺跡は教室」です。

日本考古学では、もうかなり長期間にわたって、発掘・発見ブームが続いています。そして、毎年厖大な数の発掘調査報告書が、主として開発のための事前発掘を担当する埋蔵文化財行政機関や地方自治体などによって刊行されています。そこには専門研究者でさえ完全には把握できないほどの情報や記録が満ちあふれています。しかし、その遺跡の発掘によってどんな学問的成果が得られたのか、その遺跡やそこから出た文化財が古い時代の歴史を知るためにいかなる意義をもつのかなどといった点を、莫大な記述・記録の中から読みとることははなはだ困難です。ましてや、考古学に関心をもつ一般の社会人にとっては、刊行部数が少なく、数があっても高価なその報告書を手にすることすら、ほとんど困難といってよい状況です。

いま日本考古学は過多ともいえる資料と情報量の中で、考古学とはどんな学問か、また遺跡の発掘から何を求め、何を明らかにすべきかといった「哲学」と「指針」が必要な時期にいたっていると認識します。

本企画は「遺跡には感動がある」をキーワードとして、発掘の原点から考古学の本質を問い続ける試みとして、日本考古学が存続する限り、永く継続すべき企画と決意しています。いまや、考古学にすべての人びとの感動を引きつけることが、日本考古学の存立基盤を固めるために、欠かせない努力目標の一つです。必ずや研究者のみならず、多くの市民の共感をいただけるものと信じて疑いません。

二〇〇四年一月

戸沢　充則

著者紹介

藤田三郎（ふじた・さぶろう）

1957年、奈良県生まれ。
同志社大学大学院文学研究科修士課程修了。
奈良県田原本町教育委員会 文化財保存課長を経て、現在、田原本町埋蔵文化財センター長（田原本町教育委員会事務局 文化財保存課主幹）。
主な著作 『奈良県の弥生土器集成』大和弥生文化の会、「青銅器とガラス製品の生産—以東」『考古資料大観10　弥生・古墳時代　遺跡・遺構』小学館、「絵画土器の見方小考」『原始絵画の研究』六一書房、「奈良盆地の弥生環濠集落の解体」『ヤマト王権はいかにして始まったか』学生社、『唐古・鍵遺跡』同成社、『倭国乱とは何か』（共著）新泉社

写真提供（所蔵）
田原本町教育委員会：図1・3〜7・10（右）〜12・15〜25・28〜30・32・33・35・37〜41・43・44（右）・45・46（右）・47・50〜58・60〜62・遺跡・博物館紹介／奈良県立橿原考古学研究所：図10（左）・36・44（左上）／奈良県立橿原考古学研究所附属博物館：図44（左下）／九州歴史資料館：図46（左）／梅原章一：図59
上記以外は著者

図版出典・参考（一部改変）
図8・9：末永雅雄ほか1943／図13・14（右下）・17・18・25〜27・31・34・42・45・48・49：田原本町教育委員会
上記以外は著者

シリーズ「遺跡を学ぶ」135
ヤマト王権誕生の礎《いしずえ》となったムラ　唐古《からこ》・鍵《かぎ》遺跡

2019年4月15日　第1版第1刷発行

著　者＝藤田三郎
発行者＝株式会社 新 泉 社
東京都文京区本郷2−5−12
TEL 03（3815）1662／FAX 03（3815）1422
印刷／三秀舎　製本／榎本製本

ISBN978−4−7877−1935−5　C1021

シリーズ「遺跡を学ぶ」

第1ステージ（各1500円＋税）

13 古代祭祀とシルクロードの終着地　沖ノ島　弓場紀知
22 筑紫政権からヤマト政権へ　豊前石塚山古墳　長嶺正秀
23 弥生実年代と都市論のゆくえ　池上曽根遺跡　秋山浩三
24 最古の王墓　吉武高木遺跡　常松幹雄
26 大和葛城の大古墳群　馬見古墳群　河上邦彦
34 吉備の弥生大首長墓　楯築弥生墳丘墓　福本　明
35 最初の巨大古墳　箸墓古墳　清水眞一
48 最古の農村　板付遺跡　山崎純男
49 ヤマトの王墓　桜井茶臼山古墳・メスリ山古墳　千賀　久
50 「弥生時代」の発見　弥生町遺跡　石川日出志
51 邪馬台国の候補地　纒向遺跡　石野博信
53 古代出雲の原像をさぐる　加茂岩倉遺跡　田中義昭
60 南国土佐から問う弥生時代像　田村遺跡　出原恵三
79 葛城の王都　南郷遺跡群　坂　靖・青柳泰介
88 東西弥生文化の結節点　朝日遺跡　原田　幹
91 「倭国乱」と高地性集落論　観音寺山遺跡　若林邦彦
92 奈良大和高原の縄文文化　大川遺跡　松田真一
93 ヤマト政権の一大勢力　佐紀古墳群　今尾文昭
99 弥生集落像の原点を見直す　登呂遺跡　岡村　渉

第2ステージ（各1600円＋税）

108 北近畿の弥生王墓　大風呂南墳墓　肥後弘幸
111 日本海を望む「倭の国邑」　妻木晩田遺跡　濵田竜彦
114 九州の銅鐸工房　安永田遺跡　藤瀬禎博
115 邪馬台国時代のクニの都　吉野ヶ里遺跡　七田忠昭
118 海に生きた弥生人　三浦半島の海蝕洞穴遺跡　中村　勉
123 出雲王と四隅突出型墳丘墓　西谷墳墓群　渡辺貞幸
125 徳島の土製仮面と巨大銅鐸のムラ　矢野遺跡　氏家敏之
130 邪馬台国時代の東海の王　東之宮古墳　赤塚次郎